OS SÍMBOLOS DO CRISTO E DO DIABO NO CRISTIANISMO PRIMITIVO

Alfredo dos Santos Oliva

Os símbolos de Cristo e do Diabo no Cristianismo primitivo

ALTA BOOKS
GRUPO EDITORIAL

Os símbolos de Cristo e do Diabo no Cristianismo primitivo

ISBN: 978-65-5319-014-6

Impresso no Brasil – 1ª Edição, 2025 – Edição revisada conforme o Acordo Ortográfico da Língua Portuguesa de 2009.

Dados Internacionais de Catalogação na Publicação (CIP)

O480

Oliva, Alfredo dos Santos. Os símbolos de Cristo e do Diabo no Cristianismo primitivo/ Alfredo dos Santos Oliva. São Paulo: Editora Contra o Vento, 2025.

110 p.; 16 x 23 cm

ISBN 978-65-5319-014-6

1. Conceitos Junguianos 2. Psicologia Analítica 3. Atos Apócrifos

CDD 200

Produção Editorial: Grupo Editorial Alta Books
Diretor Editorial: Anderson Vieira
Editor da Obra: Eduardo de Proença
Vendas Governamentais: Cristiane Mutüs
Gerência Comercial: Claudio Lima
Gerência Marketing: Andréa Guatiello
Revisão: Camila Silva
Diagramação: Luana Vulcano
Capa: Victoria Cristina Eduardo

ALTA BOOKS
GRUPO EDITORIAL

Rua Viúva Cláudio, 291 – Bairro Industrial do Jacaré
CEP: 20.970-031 – Rio de Janeiro (RJ)
Tels.: (21) 3278-8069 / 3278-8419
www.altabooks.com.br – altabooks@altabooks.com.br
Ouvidoria: ouvidoria@altabooks.com.br

Editora **afiliada à:**

ASSOCIADO

SUMÁRIO

AGRADECIMENTOS

Quero fazer vários agradecimentos e deferências às pessoas e instiuições que contribuíram do ponto de vista acadêmico e operacional para que a pesquisa que originou este livro fosse levada a termo. Faço isso sempre com a perspectiva de que estou indicando auxílios e incentivos recebidos e não responsabilizando terceiros/as por eventuais imprecisões que eu tenha cometido.

Em primeiro lugar, devo expressar gratidão à Universidade Estadual de Londrina (UEL), que me concedeu licença remunerada para eu me dedicar exclusivamente ao pós-doutorado e à pesquisa inicial que, mais tarde, originaria e escrita deste livro. Sem um tempo totalmente livre de minhas atividades de docência e orientação, eu não teria conseguido realizar a tarefa de pesquisa e escrita com tanto esmero.

Sou muito grato também à Universidade Metodista de São Paulo (UMESP), onde realizei o pós-doutorado que deu origem à pesquisa que eu, em um momento posterior, utilizaria para escrever este livro. Destaco, de forma especial o Dr. Paulo Augusto de Souza Nogueira, que foi meu supervisor, com quem descobri os Atos Apócrifos dos Apóstolos, fonte fundamental para a pesquisa cujos resultados parciais apresento aqui.

Por fim, aos meus familiares imediatos. À minha esposa, Marcia de Mello Oliva, minha companheira e fonte de inspiração para tudo. Aos meus filhos, Filipe de Mello Oliva e Isabelle de Mello Oliva, minhas razões de viver

APRESENTAÇÃO

Como já indiquei nos agradecimentos, este livro começou a ser concebido a partir das pesquisas que realizei durante o tempo em que estive em licença para realizar um estágio pós-doutoral na UMESP, na área de Ciências da Religião. Nunca tive tanto tempo para me dedicar exclusivamente à pesquisa e à escrita. Espero que o fruto que ora apresento faça jus à energia que dispendi ao longo de alguns meses de afastamento.

Este trabalho de pesquisa permitiu que me enraizasse no conhecimento prévio que tinha dos textos do Novo Testamento e da obra de Carl Gustav Jung. Mas, também, possibilitou me dedicar ao estudo e aprofundamento de uma fonte que era totalmente desconhecida há poucos anos, os Atos Apócrifos dos Apóstolos. Quando fazia o pós-doutorado entre os anos de 2015 e 2016, mal podia imaginar que me encantaria não apenas com os Atos Apócrifos dos Apóstolos, mas também com a Psicologia Analítica, de modo que voltaria a cursar a graduação em Psicologia em 2023 com o intuito de atuar como analista junguiano em um futuro bem próximo.

Se cheguei ao pós-doutorado é porque tenho uma carreira acadêmica e uma vida de docência prévias. Fiz doutorado na UNESP, Assis-SP, na área de História, com uma tese que abordou o discurso sobre o Diabo na Igreja Universal do Reino de Deus, em perspectiva foucaultiana.

Frequentei dois mestrados. O primeiro em Teologia, no Seminário Teológico Batista do Norte do Brasil, com dissertação sobre o papel da *Torah* no período medo-persa. O segundo foi em Sociologia, na Universidade Federal do Ceará, com pesquisa realizada sobre a Igreja Universal do Reino de Deus e seus demônios, com abordagem antropológica, com dois anos de frequência aos cultos e pesquisa de campo na Catedral da Fé da Cidade de Fortaleza.

Passei por duas graduações e atualmente retomei um velho projeto de adolescência de me graduar também em Psicologia, tarefa que estou em vias de concluir proximamente. A primeira graduação concluída foi em Teologia, no extinto Seminário Teológico de Londrina, com trabalho final no qual elaborei uma exegese do livro do Gênesis, capítulo 3, e, também, quando dissertei sobre o conceito de pecado e de pecado estrutural. A segunda graduação concluída foi em História, na UEL, onde passei também a trabalhar faz quase vinte anos (2025). Como na época quem escolhia cursar licenciatura não fazia trabalho de conclusão de curso, fui iniciado na pesquisa historiográfica apenas a partir de pequenos trabalhos semestrais.

Ingressei na docência logo que terminei a graduação em Teologia e enquanto terminava a de História no ano de 1992. Por isso, comecei minha trajetória como professor de ensino religioso em turmas do Ensino Fundamental e Médio em uma escola particular da cidade de Londrina, Paraná. Assim que terminei a segunda graduação, passei a dar aulas de História para o Ensino Fundamental e também na graduação em Teologia, no mesmo seminário onde estudei.

Após dois anos de docência, comecei a lecionar exclusivamente na graduação em Teologia. De modo que hoje tenho dois anos de experiência como professor de ensino religioso para crianças e adolescentes, quinze em aulas de Teologia para graduandos e mestrandos e quase vinte na área de História, o que inclui graduação, especialização e mestrado.

Como se pode notar, minha formação acadêmica e experiência profissional se deram no campo de interseção entre a Teologia e a Historiografia. Na primeira área eu era um especialista em Bíblia, mais especificamente em Antigo Testamento. Chamam o/a estudioso/a das Escrituras de biblista, campo de atuação que sempre me agradou muito. Quando ingressei no Departamento de História da UEL, através de concurso público, minha subárea passou a ser a Teoria da História e imaginei que teria que encerrar minha carreira como estudioso da Bíblia.

Com o passar do tempo, percebi que havia muito em comum entre o que alguns especialistas em História Antiga faziam e a minha atividade como perito nas Escrituras Sagradas. O motivo final para que retornasse à área de pesquisas sobre a Bíblia me foi dado através da leitura dos últimos cursos de Michel Foucault, exatamente os que tratavam da ética do cuidado de si e da *parrhesia*. Vi o filósofo e teórico da história analisando a prática da "coragem da verdade", uma das muitas possíveis traduções do termo grego acima, no âmbito da filosofia greco-romana antiga, esbarrando, inclusive, no cristianismo primitivo.

Comecei a pesquisar o tema da *parrhesia* em Foucault, quando descobri que o termo aparecia no Novo Testamento dezenas de vezes. Assim, comecei também a explorar os textos canônicos gregos e, desde então, não parei mais.

Já fazia algo em torno de três ou quatro anos que pesquisava o tema da *parrhesia* no Novo Testamento, quando uma colega da UEL me convidou para ir a São Bernardo do Campo, na UMESP, para participar de um seminário de pesquisa de um grupo chamado Oracula, que havia começado a analisar os Atos Apócrifos dos Apóstolos. A partir de, então, comecei a frequentar os encontros do grupo por vários anos, até a sua extinção. Foi dessa relação que me ocorreu fazer um pós-doutorado sob a supervisão do coordenador do referido grupo de pesquisa.

Fiz o pós-doutorado sobre o tema da coragem da verdade no cristianismo primitivo, o que resultou em outras publicações, mas tive oportunidade iniciar à época a pesquisa que daria origem também a este livro, dedicado aos símbolos de Cristo e do Diabo, a partir da Psicologia Analítica cujo criador foi C. G. Jung, mais uma velha paixão intelectual.

As fontes que eu pesquisava eram muito ricas e interessantes e senti necessidade de ir além do tema da coragem dos cristãos e cristãs antigos, de modo que aproveitei para pesquisar também a visão que tinham de Jesus e de seu opositor. Por sugestão de meu supervisor, que me pediu que preparasse algumas aulas sobre os Atos Apócrifos dos Apóstolos, desde uma perspectiva junguiana, é que frutificaram os primeiros germes deste livro que ora apresento. Espero que gostem!

INTRODUÇÃO

O cinema exerce no mundo contemporâneo um papel similar ao que a mitologia desenvolvia no mundo antigo, o de encenar publicamente uma série de enredos armazenados no nosso inconsciente. A indústria cinematográfica manipula uma diversidade de temas mitológicos que fascinam a mentalidade coletiva dos dias de hoje.

Sou fã da série de filmes "Star Wars". A primeira evidência disso é que tenho dois gatos e uma gata, sendo que ela se chama Leia Skywalker, a princesa que é irmã do mais importante protagonista dos filmes. Sabemos que há uma trilogia original da série. Alguns anos depois, foi criada uma nova tríade. Mais recentemente, outra sequência foi produzida. O primeiro filme desta última tríade foi lançado em 2015, o segundo em 2017 e o terceira em 2019. Em 2016 foi rodado no cinema um filme avulso da série. E, a partir daí, começaram a ser produzidas sequências seriadas e agora não podemos mais imaginar quantos outros filmes avulsos ou séries poderão vir nos próximos anos. O fato é que Star Wars é um sucesso mundial e há razões bastante plausíveis para isso.

Os seis primeiros eventos da história interplanetária narram a vida de um personagem muito especial: Darth Vader. Mesmo no mais recente conjunto da saga, o guerreiro das trevas é mencionado e o novo vilão é um descendente seu. Ainda que tenha morrido no episódio seis, ele ainda permanece "vivo" na memória de seus descendentes e admiradores, além de continuar a ser um parâmetro a ser alcançado por Kylo Ren, o seu jovem substituto maldoso.

Sou fascinado por Darth Vader. O que mais me chama a atenção nos seis primeiros filmes da série, é que ele é o centro da história, mesmo sendo um vilão. As narrativas fílmicas de um a três da série mostram como ele se transformou, de uma criança prodígio e inocente, em um forte e poderoso cavaleiro jedi.

Ele foi treinado para conhecer e fazer uso do lado luminoso da força e ser um herói da galáxia. Havia uma profecia que dizia que ele era o escolhido que viria a trazer um equilíbrio entre os lados claro e escuro da força. Mas o terceiro episódio mostra como ele foi cooptado pelo lado sombrio e deixou de ser o projeto de herói Anakin Skywalker para se tornar o execrável Darth Vader.

Entre os episódios quatro a seis da sequência, ele se tornou o principal antagonista da narrativa, representando o papel de um vilão poderoso, superado em força e astúcia apenas pelo Imperador do Mal, de quem se tornara um submisso aprendiz. O sexto capítulo da fábula tem um título revelador: "O retorno de jedi". Darth Vader, um homem obscuro, juntou-se a seu filho, Luke Skywalker, para derrotar o Soberano do Mal, ou seja, o ex-jedi, voltou para o lado brilhante da força e, logo depois, morreu.

O interessante sobre essa instigante personalidade é o fato de que, nos três primeiros episódios, ele é um ídolo sempre ameaçado pela cobiça e paixões, o que desperta o seu potencial para ser seduzido pelo lado nebuloso da força. Em contrapartida, nos três episódios seguintes, passa a ser um antagonista cujo coração nunca conseguiu excluir totalmente a bondade, tanto é que sucumbiu aos apelos do seu filho para se juntar a ele para derrotar o Monarca do Mal. Para usar uma linguagem junguiana, eu diria que Anakin Skywalker viu sua sombra emergir de seu inconsciente e sua consciência nada pôde fazer. O arquétipo, que constelava o inconsciente coletivo, adquiriu uma forma personificada e autônoma, passando a assumir o controle de seus pensamentos e ações, tornando o bom Anakin Skywalker no malicioso Darth Vader!

Essa legenda nos mostra fatos que são comuns a todos os seres humanos: (1) Somos bons e maus simultaneamente; (2) A nossa sombra (dimensão reprimida da nossa personalidade que encontra continuidade em um arquétipo do inconsciente supra pessoal) pode passar a nos controlar, por breves ou longos períodos. Fazemos um grande esforço para que nossa bondade seja exposta publicamente, ao mesmo tempo em que recalcamos a maldade que habita em nosso interior. Muitas vezes nossa afabilidade predomina, mas podemos também ver aflorar, ainda que a contragosto de nossa consciência, a crueldade que está armazenada em nosso inconsciente. Estes fatos, e tantos outros, foram identificados e demonstrados empiricamente por C. G. Jung, como tentaremos demonstrar nas próximas páginas.

Para começar pelos símbolos que serão explorados ao longo deste trabalho, eu diria que Jung achava que Jesus e o Diabo formavam um par de opostos presentes na unidade divina original, assim como Luke e Vader são uma só pessoa. Houve, todavia, uma ruptura entre ambos antes que o Filho de Deus iniciasse o seu ministério público. Para o psicólogo analista, em sintonia com o que pensavam os antigos gnóstico-cristãos, o Filho de Deus e Lúcifer eram irmãos gêmeos que se apartaram apenas em um determinado momento.

Os/as seguidores/as ortodoxos/as de Jesus viriam a negar este fato desde tempos remotos, mas outra versão ancestral do cristianismo, que pode ser denominada de gnóstica, insistiu em continuar a vê-los como uma unidade original, dissociada somente posteriormente. Para corroborar este último ponto de vista, o relato do Evangelho de Mateus mostra o Redentor resistindo e exorcizando o Pai da Mentira, que teimava em tentá-lo a ser poderoso e rico ou a usufruir, em benefício próprio, dos seus atributos divinos. Quando o Salvador disse um sonoro não ao Devorador, eles se separam de uma vez por todas, isso em acordo com a interpretação gnóstica dos fatos, versão que foi ratificada por Jung. Vejamos isto narrado pelas palavras do próprio psiquiatra suíço:

> Por outro lado, temos – por parte do Pai da Igreja Irineu de Lyon no início do século III – o relato da teologia gnóstica que pressupunha que Cristo nasceu sim com uma sombra, mas que destacou esta sombra de si e daí em diante viveu sem sombra. Porém, não nos é transmitido o que segundo a concepção desses gnósticos aconteceu com esta sombra destacada. Através das narrações do evangelho, podemos, entretanto, concluir que se trata do diabo em pessoa, pois segundo o relato do evangelho ele se separou do diabo: "Vai-te Satanás!" [Neste ponto, a nota de rodapé cita Mateus 4,10] Desse modo se separou definitivamente da metade escura.[1]

A explicação para esta proximidade primordial entre Cristo e o Diabo é sustentada pelo psicólogo analista em função de ambos terem símbolos comuns para designar quem são e como agem, o que me parece um argumento bastante razoável.

> No caso destes [os gnósticos] então fica claro que Cristo nasceu sim com uma sombra, mas destacou essa sombra de e dessa sombra surgiu o diabo. Por isso, precisamos contar com a possibilidade de existir uma ideia original, isto é, um "sous-entendu" [subentendido], notadamente, uma disposição *inconsciente* – que está relacionada à natureza de Javé, o Javé do Antigo Testamento – de que Cristo originalmente *também* é uma "coincidentia oppositorum", uma coincidência dos opostos, uma união ou unidade dos opostos. Esta então se cinde em dois através de um ato da, por assim dizer, decisão ética. O outro então seria o "irmão escuro". A história dos símbolos nos indica que isso coincide com o fato de Cristo e o diabo terem toda uma série de símbolos em comum. Por exemplo: o diabo é o "leão" e Cristo é o "leão". "Leo de tribu de Juda" ou "ele anda em volta como um leão que ruge", procurando a quem devorar. Ou a águia. Ou a "Stella matutina", que é a estrela d'alva, Lúcifer. Ambos são "lúcifer".[2]

Sei que coloco meus leitores e leitoras diante de temas complexos e polêmicos, mas prometo que me esforçarei ao máximo para tornar todos os dados, que apresento de forma apenas introdutória e alusiva agora, os mais bem explícitos e detalhados que puder nas próximas páginas.

Para levar esse projeto a termo, elaborei um roteiro: (1) Começarei com uma apresentação das principais ideias e conceitos do pensamento de C. G. Jung; farei isso ao demonstrar como funciona, globalmente, a sua Psicologia Analítica; (2) Em seguida, introduzirei os textos antigos que servirão de base empírica para a análise que será feita a partir dos pontos de vista da Psicologia Analítica; apresentarei alguns dados iniciais sobre os Atos Apócrifos dos Apóstolos, fontes primárias gnóstico-cristãs dos séculos II e III d.C.; (3) Por fim, vou me dedicar a explorar os dois símbolos que dão título a este texto, Cristo e o Diabo; na análise, citarei alguns exemplos de aparição dessas insígnias nos Atos Apócrifos dos Apóstolos para, em seguida, esmiuçá-las a partir de um cruzamento com menções dos mesmos nos escritos do psiquiatra suíço.

Devo, ainda, dizer que por muito tempo resisti a escrever sobre C. G. Jung porque a leitura das suas obras se iniciou a partir de um desejo de autoconhecimento e lazer. Confesso que tive medo de me enfastiar de minha diversão ao torná-la objeto de trabalho profissional. Mas o efeito foi justamente o contrário, levei o passatempo para o campo dos afazeres e descobri uma fonte de prazer mais intensa ainda, pois tive que ler meu admirado autor com muito mais tenacidade. Embora tenha me dedicado ao estudo da Psicologia de forma geral e à Psicologia junguiana de maneira particular, sou primariamente um historiador fazendo experimentos no universo conceitual junguiano e assim gostaria de ser reconhecido, com todo ônus ou bônus que isto possa acarretar.

Notas

1 Jung, C. G. Sobre sentimentos e a sombra. Petrópolis: Vozes, 2014. p. 50.

2 Ibid. p. 52.

1. CARL GUSTAV JUNG E A PSICOLOGIA ANALÍTICA

Entre 1906 e 1913, Jung (1875-1961) e Freud (1856-1939) desenvolveram uma amizade que levou à colaboração profissional entre ambos. Um pouco mais jovem que o segundo, passou a admirar a pessoa e o pensamento do Pai da Psicanálise. Este chegou a considerá-lo como seu discípulo e, portanto, como a pessoa com maior potencial e capacidade para ser continuadora de suas teorias, que eram muito originais. Ao longo do ano de 1912 os conflitos começaram e no início de 1913 a amizade terminou, restando alguns poucos contatos meramente formais depois desse ano.

Se quisermos fazer uma avaliação justa dos motivos que levaram a amizade e a colaboração profissional entre esses dois gigantes da história da Psicologia, precisamos olhar para os dois lados do conflito. E isso pode ser contemplado quando analisamos a correspondência entre ambos.[1] Como agora me interessa estabelecer um foco explicativo para o surgimento da Psicologia Analítica, vou explorar o ponto de vista de seu fundador. E, a partir do fundador da Psicologia Analítica, a amizade entre os dois pensadores naufragou por vários motivos, mas, sobretudo, porque Freud não queria um seguidor que fosse criativo e intelectualmente autônomo. O neurologista austríaco seria muito possessivo e autoritário, desejando formar um aluno subserviente, mas o aprendiz era por demais crítico e autossuficiente do ponto de vista cognitivo para suportar tais imposições.

O fato é que, quando a ruptura começou, outros pontos de divergência começaram a aparecer. Um primeiro fato dizia respeito ao modo como o suíço via a relação do recalque com a sexualidade, considerando-a como um fator supervalorizado pelo seu antecessor.

> No que concerne ao conteúdo do recalque eu não concordava com Freud. Como causa do recalque, ele apontava o trauma, eu achava isso insatisfatório. Através do trabalho prático, co-

> nhecera casos em que a sexualidade desempenhara papel secundário, enquanto outros fatores ocupavam o lugar principal: por exemplo, o problema de adaptação social, da opressão pelas circunstâncias trágicas da vida, as exigências de prestígio etc. Mais tarde, apresentei a Freud casos deste gênero, mas ele não quis admitir como causa qualquer outro fator que não fosse a sexualidade. Isto me parecia altamente insatisfatório.[2]

As diferenças também se estendiam para outros campos, um deles viria a se tornar muito importante para a compreensão da psique por Jung, que estava relacionado ao grande valor que dava à experiência religiosa na vida das pessoas. Em seus escritos, muitas vezes afirmava que a causa fundamental de muitas neuroses era o distanciamento que muitos pacientes tinham promovido de vivências místicas que tiveram no passado.

> Foi principalmente sua atitude em relação ao espírito que me pareceu problemática. Cada vez que a expressão de uma espiritualidade se manifestava num homem ou numa obra de arte, ele [Freud] desconfiava e recorria à hipótese da "sexualidade recalcada". Tudo o que não era imediatamente interpretável como sexualidade se reduzia, segundo ele, a "psicossexualidade". Objetei que, logicamente, levada às últimas consequências, suas hipóteses conduziam a raciocínios que destruíam toda a civilização: esta tomava a aparência de uma simples farsa, consequência mórbida do recalque sexual. "Sim", confirmou ele, "é assim mesmo. É uma maldição do destino em face da qual somos impotentes". Eu não estava absolutamente disposto a dar-lhe razão, nem a permanecer nessa atitude. Não me sentia, porém, à altura para discutir com ele.[3]

Jung, quase vinte anos mais novo que Freud, sentia muitas dificuldades para expressar abertamente suas discordâncias. De qualquer forma, ele pressentia que o rompimento definitivo um dia aconteceria. Um fator marcante para o psiquiatra aconteceu quando ambos se encontravam em viagem aos Estados Unidos e praticavam o que já havia se tornado um costume entre eles: a análise de sonhos um do outro. Freud não conseguira interpretar adequadamente as experiências oníricas recentes de seu pupilo, fato que este não via como um problema, pois dizia ter consciência de todas as dificuldades que permeiam a leitura dos sonhos. Mas, quando os papéis se inverteram, algo que o incomodou aconteceu:

> Freud teve um sonho, cujo conteúdo não posso revelar. Interpretei-o mais ou menos, acrescentando que poderia talvez adiantar algo mais, se ele me desse alguns detalhes suplementares, relativos à sua vida particular. Tal pedido provocou em Freud um olhar estranho – cheio de desconfiança – e disse: "Não posso arriscar minha autoridade!" Nesse momento, entretanto, ele a perdera! Esta frase ficou gravada em minha memória. Prefigurava já, para mim, o fim iminente de nossas relações. Ele punha sua autoridade pessoal acima da verdade.[4]

Assim, antes de terminar a segunda década do século XX, a ternura entre ambos se esvaiu. A prática científica de Jung passou a ser denominada de Psicologia Analítica, para demarcar território em relação à Psicanálise, termo muito identificado com a pessoa de Freud.

Parece que o seu mentor ficou muito magoado com o que considerava deslealdade daquele que pensava que seria o continuador da Psicanálise. Este sentimento de hostilidade pode ser percebido, por exemplo, pela forma desdenhosa ("ainda não se pretendia um profeta!") com que menciona o trabalho de pesquisa de Jung depois que rompeu com sua visão teórica:

> Portanto, mostrei aos senhores, em dois exemplos escolhidos que os sintomas neuróticos, tanto quanto os atos falhos e os sonhos, possuem um sentido e guardam íntima relação com a vivência dos pacientes. [...] Contento-me, assim, em dar aos senhores apenas uma amostra a sustentar minha afirmação, remetendo-os, de resto, às comunicações disponíveis na literatura

> científica: às clássicas intepretações de sintomas no primeiro caso de Breuer (histeria), aos esclarecimentos surpreendentes de sintomas bastante obscuros na chamada *dementia praecox*, de autoria de C. G. Jung, na época em que esse pesquisador era apenas psicanalista e ainda não se pretendia profeta, e a todos os trabalhos que desde então povoam nossas revistas.[5]

Podemos dizer que a Psicologia Analítica emergiu de um solo comum com a Psicanálise, pois ambas tomam como pressuposto a existência do inconsciente. Freud havia estudado bastante a linguagem do irrefletido através dos sonhos, caminho que depois seria seguido também por Jung. As distinções, todavia, entre o pensamento de ambos pode ser verificada no seguinte trecho:

> Enquanto para Freud o inconsciente é uma função da consciência, eu o considero como uma função psíquica independente, anterior e oposta à consciência. Segundo esta concepção, o inconsciente pode ser dividido em *pessoal* e *coletivo*. Este último é uma disposição psíquica, independente de tempo e raça, para um funcionamento regular. Seus produtos podem ser comparados aos "motivos mitológicos".[6]

Deste modo, chegamos ao modelo da psique de Jung. Vou iniciar a exposição deste protótipo a partir de uma visão metafórica e sintética: (1) A totalidade de todas as dimensões da vida intrapsíquica ele a denominou de Si-mesmo; Este, por sua vez, apresenta três grandes camadas: (2) o consciente, cujo núcleo estruturante é o ego; (3) o inconsciente pessoal, que está ligado à história dos recalques e esquecimentos do sujeito e onde estão armazenados os complexos; (4) o inconsciente coletivo, uma espécie de memória biológica comum da humanidade, onde estão alojados os arquétipos. Ainda é preciso dizer que, para Jung, as pessoas tinham uma tendência à (5) unilateralidade, fato que via como gerador das neuroses e outras patologias; O processo de superação desta, seja a que pende para o inconsciente ou a que tende para o consciente, é por ele designada de (6) transcendência, uma forma de aproximação dos conteúdos do consciente e do inconsciente, resultando em uma união dos opostos.

Vou oferecer uma representação gráfica do Si-mesmo e, logo a seguir, passarei a detalhar cada aspecto nela retratada para, enfim, falar da unilateralidade e da transcendência, que não estão no modelo, mas que, respectivamente designam o que acontece quando aspectos da matriz são supervalorizados em detrimento de outros e como superar esse vício.

Representação do Si-mesmo

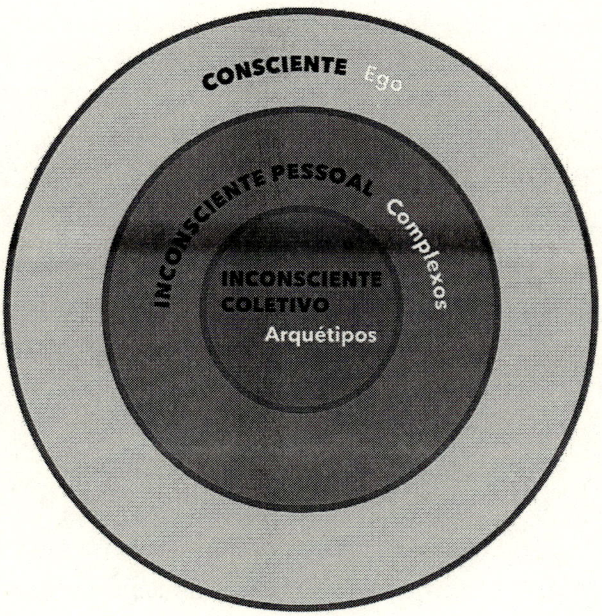

Acho possível notar que há muitos conceitos importantes no diagrama e a minha tarefa agora será a de explicá-los da maneira mais clara e detalhada que me for possível. Farei isso trazendo abundantes citações do próprio Jung, de modo a fazer com que "sua própria voz" explicite as categorias que criou.

(1) Inicio com o Si-mesmo, uma categoria que serve para designar a totalidade de uma pessoa em sua riqueza e diversidade interior. Ele utilizava um termo distinto de Eu porque este, como se pode notar pelo gráfico, é o núcleo estruturante apenas da consciência, enquanto o Si-mesmo serve para designar o conjunto que engloba a consciência e os inconscientes pessoal e coletivo.

> A circunstância de lidar com a psicologia do inconsciente fez-me deparar com fatos que exigem a elaboração de novos conceitos. Um destes conceitos é o do *si-mesmo* (*Selbst*). Refiro-me, com isto, não a uma grandeza que venha ocupar o lugar daquela que até o momento designada pelo termo *eu*, mas a uma grandeza mais abrangente, que inclua o eu. Entendemos por "eu" aquele fator complexo com o qual todos os conteúdos conscientes se relacionam. É este fator que constitui como que o centro do campo da consciência, e dado que este campo inclui também a personalidade empírica, o eu é o sujeito de todos os atos conscientes da pessoa. Esta relação de qualquer conteúdo psíquico com o eu funciona como critério para saber se este último é consciente, pois não há conteúdo que antes não tenha apresentado ao sujeito.[7]

A concepção de que o Si-mesmo é algo mais amplo e abrangente que o Eu coloca em xeque a filosofia do sujeito, que, de uma forma bem simples e rápida, parte do pressuposto de que uma pessoa é livre para decidir ou programar a sua vida. Se o Eu, como núcleo estruturante apenas da consciência é englobado pelo Si-mesmo, que é composto, por sua vez, de duas camadas inconscientes (uma pessoal e outra coletiva), então a ideia de que somos totalmente desprendidos para tomar decisões não pode se sustentar. A razão disso é que somos determinados pelo inconsciente tanto quanto o somos pela consciência e, como o próprio nome diz, o primeiro diz respeito àquilo que não conhecemos mais ou jamais poderemos tomar ciência.

> Por isso propus que a personalidade que existe realmente, mas que não pode ser captada em sua totalidade, fosse denominada *si-mesmo*. Por definição, o eu está subordinado ao si-mesmo e está para ele, assim como qualquer parte está para o todo. O eu possui o livre-arbítrio – como se afirma –, mas dentro dos limites do campo da consciência. [...] É inclusive notório que o eu não é somente incapaz de qualquer coisa contra o si-mesmo, como também é assimilado e modificado, eventualmente, em grande proporção, pelas inconscientes da personalidade que se acham em vias de desenvolvimento.[8]

Em outro trecho o suíço torna ainda mais claro o fato de que somos condicionados por uma série de fatos oriundos do nosso inconsciente, ficando o Eu e a consciência subordinados ao primeiro, colocando em questão o pressuposto da liberdade decisiva do sujeito, muito difundido na filosofia e no senso comum das sociedades ocidentais contemporâneas.

> A personalidade humana não é em si mesma uma totalidade, se levarmos em consideração apenas o eu, a consciência. Ela só se torna completa através da complementação pelo inconsciente. Por isso é inevitável e imprescindível para todo autoexame autêntico o conhecimento do inconsciente. Com esta inclusão, o centro da personalidade desloca-se do eu limitado para o si-mesmo mais abrangente, portanto para aquele "meio" que encerra em si e une entre si os dois campos: a consciência do eu e o inconsciente.9

Jung via como ideal que uma pessoa não apenas aceitasse que muitos fatos de sua vida intrapsíquica fossem gerados por forças instintivas, mas que, através da terapia, o conhecimento de si se ampliasse de modo que o paciente passasse a tomar consciência daquilo que era possível de suas camadas inconscientes. Ele admitia que existiam estratos do inconsciente coletivo que jamais poderiam ser conhecidos pela pessoa, mas através do processo de integração dos opostos, seria possível que muito do inconsciente pessoal e parte do inconsciente coletivo migrassem para o campo da consciência.

(2) Passemos ao espectro da consciência. Como se pode notar pela própria designação da palavra, estamos diante dos fatos que são acessíveis ao nosso conhecimento. O "gestor" dos acontecimentos conscientes é uma instância denominada de Eu. O que chama a atenção é o fato de o Eu ser apenas o centro da consciência, embora as pessoas vivam na "ilusão" de que ele é o núcleo central da pessoa ou mesmo o seu todo.

> Como ponto de referência do campo da consciência, o eu é o sujeito de todos os *esforços de adaptação* na medida em que estes são produzidos pela vontade. Por este motivo é que na economia psíquica o eu exerce um papel altamente significativo. A posição que aí ocupa é de tal modo importante, que o preconceito segundo o qual o eu é o centro da personalidade ou de que o campo da consciência é a psique pura é simplesmente destituído de qualquer fundamento.10

Como se pode notar, o principal papel da mente consciente é a adaptação à vida social. Poderemos observar mais adiante que a consciência funciona como elemento de compensação em relação ao inconsciente e vice-versa, de modo que somos ao mesmo tempo natureza ou instinto e cultura ou adaptação. Como nossa natureza é bruta, no sentido de que temos que aprender a conter determinados impulsos para que possamos viver em sociedade, o Eu é uma espécie de negociador entre o sujeito e a vida social, fato que requer muito sacrifício dos instintos para que alguém possa ser considerado ajustado ou sociável. Damos o belo nome de sociabilização a um artifício que é necessário, mas extremamente doloroso para cada um nós, pois, afinal, temos que sacrificar muito de nossa natureza instintiva no altar da civilização.

> É evidente que o fenômeno global da personalidade não coincide com o eu, isto é, com a personalidade consciente; pelo contrário, constitui uma grandeza que é preciso distinguir do eu. Tal exigência, naturalmente, só se verifica numa psicologia que se defronta com a realidade do inconsciente. Mas uma diferenciação desta espécie é da máxima relevância para essa psicologia. Até mesmo para a aplicação da justiça é importante saber se determinados fatos são de natureza consciente ou inconsciente, como, por exemplo, quando se trata de julgar a respeito da imputabilidade ou não de um ato.[11]

A citação acima coloca mais uma palha na fogueira da filosofia do sujeito, pois afirma que há casos em que uma pessoa pode ser considerada inimputável. Entendo que Jung estava se referindo a sujeitos considerados "normais" e não a casos patológicos crônicos. Assim, mesmo pessoas em condições habituais podem passar a agir sob influência de seu inconsciente, o que significa que isso seria um fato aleatório ao seu Eu e sua consciência, tornando-o, em algumas situações, "inculpável" pelas ações que praticou. Essas ideias provocam uma interessante polêmica com o campo jurídico: Quando um acusado deveria ser considerado imputável? Em que condições ele deveria ser visto como um inimputável? A inimputabilidade deveria ser aplicada apenas a pessoas que são diagnosticas como portadoras de doenças mentais ou a qualquer sujeito em situações em que agiu estando "possuído" por um complexo afetivo? Quais são os limites entre os campos jurídico e psiquiátrico?

(3) Chegamos ao mundo do inconsciente e vamos começar explorando o fato de que este é composto de dois estratos, um pessoal e outro impessoal ou coletivo, dado que nos permite distinguir a visão de Jung da Freud sobre o assunto.

> Essa descoberta significa mais um passo à frente na interpretação, a saber: a caracterização de *duas camadas do inconsciente*. Temos que distinguir o inconsciente *pessoal* do inconsciente *impessoal* ou *suprapessoal*. Chamamos este último de incons-

> ciente *coletivo*, porque é desligado do inconsciente pessoal e por ser totalmente universal; e também porque os seus conteúdos podem ser encontrados em toda parte, o que obviamente não é o caso dos conteúdos pessoais. O inconsciente pessoal contém lembranças perdidas, reprimidas (propositalmente esquecidas), evocações dolorosas, percepções que, por assim dizer, não ultrapassaram o limiar da consciência (subliminais), isto é, percepções dos sentidos que por falta de intensidade não atingiram a consciência e conteúdos que ainda não amadureceram para a consciência. Corresponde à figura da *sombra*, que frequentemente aparece nos sonhos.[12]

Jung não apenas afirmou a existência de um inconsciente, mas dizia que ele tinha uma dimensão pessoal – que continha lembranças perdidas, reprimidas, evocações dolorosas e percepções que não ultrapassaram o limiar da consciência – e outra coletiva – que estava desligada do inconsciente pessoal, sendo totalmente universal e, assim, seus conteúdos poderiam ser encontrados em toda parte e em qualquer temporalidade.

> Mencionamos anteriormente o fato de o inconsciente conter como que duas camadas: uma pessoal e outra coletiva. A camada pessoal termina com as recordações infantis mais remotas; o inconsciente coletivo, porém, contém o tempo pré-infantil, isto é, *os restos da vida dos antepassados*. As imagens das recordações do inconsciente coletivo são imagens não preenchidas, por serem formas não vividas pessoalmente pelo indivíduo. Quando, porém, a regressão da energia psíquica ultrapassa o próprio tempo da primeira infância, penetrando nas pegadas ou na herança da vida ancestral, aí despertam os quadros mitológicos: os arquétipos. Abre-se então um mundo espiritual interior, de cuja existência nem sequer suspeitávamos.[13]

Vemos na referência acima que o inconsciente coletivo é povoado por arquétipos, predisposições que nos ligam aos nossos ancestrais. Em outros trechos, percebemos que, por sua vez, o inconsciente pessoal é constituído de diversos complexos, o equivalente dos arquétipos, mas aqueles constelam a psique pessoal. Vejamos como Jung os definia:

> Daí se deduz que o complexo é um fator psíquico que, em termos de energia, possui um valor que supera, às vezes, o de nossas intenções conscientes; do contrário, tais rupturas da ordem consciente não seriam de todo possíveis. De fato, um complexo ativo nos coloca por algum tempo num estado de *não liberdade*, de pensamentos obsessivos e ações compulsivas para as quais, sob certas circunstâncias, o conceito jurídico de imputabilidade limitada seria o único válido.[14]

Vemos que o psiquiatra retoma o tema da imputabilidade, mas, desta vez, identificando que os complexos que orbitam o inconsciente pessoal seriam os responsáveis pelo estado de inculpabilidade momentânea. As pessoas possuem diversos complexos afetivos e estes têm um teor emocional muito forte e podem assumir formas personificadas. Para que a leitora possa entender bem o que digo, o estado em que uma pessoa age sob influência de um complexo é igual ou mesmo confundido com o fenômeno, dito sobrenatural, da possessão.

> Os complexos são fragmentos psíquicos cuja divisão se deve a influências traumáticas ou a tendências incompatíveis. Como nos mostra a experiência das associações, eles interferem na intenção da vontade e perturbam o desempenho da consciência; produzem perturbações na memória e bloqueios no processo das associações; aparecem e desaparecem, de acordo com as próprias leis; obsediam temporariamente a consciência ou influenciam a fala e ação de maneira inconsciente. Em resumo, comportam-se como organismos independentes, fato particularmente manifesto em estados anormais.[15]

No caso da possessão propriamente dita, o alvo pode dizer que um invasor externo, sobrenatural e maligno colonizou a sua consciência e assumiu, temporariamente, a gestão da sua personalidade. Quando se trata de um complexo, um fragmento do inconsciente pessoal pode se personificar e tomar o controle do Eu. Em ambos os casos, há uma "possessão", mas uma é explicada a partir de fatores externos ou objetivos e a outra por elementos subjetivos ou pessoais. Para Jung, se trata da mesma coisa, mas o sujeito, não sendo capaz de perceber que o "conquistador" parte de dentro dele mesmo, passa a atribuir o fato a seres sobrenaturais externos. Aliás, nosso autor constantemente diz que o inconsciente é quase sempre experimentado pelas pessoas como algo numinoso ou sobrenatural. Quando o sujeito pensa se tratar de algo benéfico, diz ser uma revelação divina. Mas, se qualifica a experiência negativamente, tende a atribuí-la a intrusos demoníacos.

Adiante vou retornar à questão da possessão em Jung. No momento, gostaria de persistir um pouco mais na definição e compreensão do que é um complexo. Ao explorar diversas passagens, começamos a captar a amplitude de suas características e funções.

> O que é, portanto, cientificamente falando, um "complexo afetivo"? É a imagem de uma determinada situação psíquica de forte carga emocional e, além disso, incompatível com as disposições ou atitude habitual da consciência. Esta imagem é dotada de poderosa coerência interior e tem sua totalidade própria e goza de um grau relativamente elevado de *autonomia*, vale dizer: está sujeita ao controle das disposições da consciência até um certo limite e, por isso, comporta-se, na esfera do consciente, como um *corpus alienum* (corpo estranho), animado de vida própria. Com algum esforço, pode-se, em geral, reprimir o complexo, mas é possível negar a sua existência, e na primeira ocasião favorável ele volta à tona com toda a sua força original.[16]

Ele diz que, com muito esforço, podemos reprimir o complexo, mas ele, via de regra, é concebido pelo sujeito como um corpo estranho. Isso significa que, em casos mais intensos afetivamente, ou quando a pessoa não possui uma consciência bem estruturada, ou ainda quando nega veementemente a existência dele, o complexo pode assumir, temporariamente, o controle do Eu, aproximando-se de uma experiência de possessão.

> Regra geral, há uma inconsciência pronunciada a respeito dos complexos, e isto naturalmente lhe confere uma liberdade ainda maior. Em tais casos, a sua força de assimilar inclusive o eu, resultando daí uma *modificação momentânea e inconsciente da personalidade*, chamada *identificação* com o complexo. Na Idade Média, este conceito completamente moderno tinha um outro nome: chamava-se *possessão*. Provavelmente ninguém imaginará que este estado seja tão inofensivo; em princípio, porém, não há diferença entre um lapso corrente de linguagem causado por um complexo e as disparatadas blasfêmias de um possesso. Há apenas uma *diferença de grau*.[17]

E não apenas a possessão demoníaca é comparada à atuação de um complexo, mas também a crença em espíritos: "A *crença nos espíritos*, difundida universalmente, é expressão direta da *estrutura* do inconsciente, *determinada pelos complexos*. Os complexos, com efeito, constituem verdadeiras *unidades vivas da psique inconsciente*, cuja existência e constituição só podemos deduzir através deles."18

O processo é o mesmo da possessão. Como os complexos são fenômenos autônomos do inconsciente pessoal e podem controlar o Eu em algumas circunstâncias, a sua atuação é interpretada pelo sujeito como se fosse uma invasão, mas desta vez não é por um demônio, mas pelo espírito de um ente querido ou de um ancestral.

(4) Passemos ao inconsciente coletivo. Talvez este seja o campo conceitual em que Jung demonstre majoritariamente a sua originalidade. Afinal, Freud antes dele já afirmava a existência de uma dimensão da psique que era inconsciente. Como seu mestre, admitia a vivência de um inconsciente ligado à história de vida de um determinado sujeito, mas foi além e entendia haver um outro estrato, que denominou de inconsciente coletivo.

> A princípio o conceito do inconsciente limitava-se a designar o estado dos conteúdos reprimidos ou esquecidos. O inconsciente, em Freud, apesar de já aparecer – pelo menos metaforicamente – como sujeito atuante, nada mais é do que o espaço de concentração desses conteúdos esquecidos e recalcados, adquirindo um significado prático graças a eles. Assim sendo, segundo Freud, o inconsciente é de natureza exclusivamente pessoal, muito embora ele tenha chegado a discernir as formas de pensamento arcaico-mitológicas do inconsciente.[19]

A designação procura dar conta de descrever que se trata de algo que é comum a toda humanidade, uma espécie de memória genética do gênero humano que permite um acúmulo de experiências ao longo da história da humanidade, como poderemos notar na citação abaixo:

> Uma camada mais ou menos superficial do inconsciente é indubitavelmente pessoal. Nós a denominamos *inconsciente pessoal*. Este, porém, repousa sobre uma camada mais profunda, que já não tem sua origem em experiências ou aquisições pessoais, sendo inata. Esta camada mais profunda é o que chamamos *inconsciente coletivo*. Eu optei pelo termo "coletivo" pelo fato de o inconsciente não ser de natureza individual, mas universal; isto é contrariamente à psique pessoal ele possui conteúdos e modos de comportamento, os quais são *cum grano salis* os mesmos em toda parte e em todos os indivíduos. Em outras palavras, são idênticos em todos os seres humanos, constituindo, portanto, um substrato psíquico comum de natureza psíquica supra pessoal que existe em cada indivíduo.[20]

Com a descoberta do inconsciente coletivo, Jung havia criado uma explicação para os motivos que apareciam nos relatos de seus pacientes espontaneamente e que também podiam ser encontrados em textos antigos. Pessoas sem nenhuma formação religiosa, por exemplo, podiam expressar conteúdos místicos que não se faziam mais presentes nas sociedades laicizadas das quais faziam parte, mas que poderiam estar presentes nos velhos escritos escavados pelo pesquisador. Jung se deparou com uma explicação para essa "coincidência" através da hipótese da existência de um inconsciente coletivo, uma camada da psique que subsistia através dos séculos.

Temos que dizer também que, assim como o inconsciente pessoal é povoado por complexos, o coletivo é a morada dos arquétipos, que podem ser descritos como predisposições para a constituição de determinadas imagens na psique humana.

> Mas afora esses, no inconsciente encontramos também as qualidades que não foram adquiridas individualmente, mas são herdadas, ou seja, os instintos enquanto impulsos destinados a produzir ações que resultam de uma necessidade interior, sem uma motivação consciente. Devemos incluir também as formas *a priori*, inatas, de intuição, quais sejam os *arquétipos* da percepção e da apreensão que são determinantes necessárias e *a priori* de todos os processos psíquicos. Da mesma maneira como os instintos impelem o homem a adotar uma forma de existência especificamente humana, assim também os arquétipos forçam a percepção e a intuição a assumirem determinados padrões especificamente humanos. Os instintos e arquétipos formam conjuntamente o *inconsciente coletivo*.[21]

Destaquemos que Jung fala dos arquétipos como formas *a priori* ou inatas de intuição. Ou seja, não são imagens, mas tendências para que determinados motivos (temas) imagéticos se desenvolvam na psique pessoal. Este detalhe deve ser ressaltado porque ele não estava dizendo que as imagens eram universais, mas apenas as predisposições. Isto explica como determinados assuntos são recorrentes, mas, ainda sim, há espaço para a particularidade. Em outros termos, há o motivo do herói que aparece e reaparece em todos os tempos e lugares, mas a face deste muda de acordo com a forma que assume na vida intrapsíquica de cada sujeito, assim como nas particularidades de cada momento da história e das regionalidades culturais.

> Minha opinião sobre os "resíduos primordiais", que denomino "arquétipos" ou "imagens primordiais", é constantemente criticada por pessoas que não possuem bastante conhecimento da psicologia dos sonhos e nem da mitologia. O conceito arquétipo é muitas vezes mal-entendido porque significa, por exemplo, um motivo ou figura mitológicos bem determinados e nitidamente delineados. Isto seriam meras representações e seria absurdo acreditar que tais representações mutáveis pudessem ser herdadas. Ao contrário, o arquétipo é uma tendência de criar representações muito variáveis, mas sem perder seu modelo primitivo. Existem, por exemplo, muitas representações do motivo dos irmãos inimigos, mas só existe *um* motivo. Só é possível descrever isso com uma tendência a esta espécie de formação de representações. Como tal, representa uma disposição hereditária da psique humana e é possível encontrá-la praticamente em toda parte e em todos os tempos. Penso nesse motivo quando falo do arquétipo.[22]

Mais um aspecto que precisa ser destacado, é que os arquétipos, como são de natureza inconsciente, geralmente, são experimentados como algo numinoso ou sobrenatural, tal como já observamos a respeito dos complexos.

> Quer dizer, os arquétipos, quando surgem, têm um caráter pronunciadamente *numinoso*, que poderíamos definir como "espiritual", para não dizer "mágico". Consequentemente, este fenômeno é da maior importância para a psicologia da religião. O seu efeito, porém, não é claro. Pode ser curativo ou destruidor, mas jamais indiferente, pressupondo-se, naturalmente, um certo grau de clareza. Este aspecto merece a denominação de "espiritual" por excelência. Isto é, acontece não raras vezes que o arquétipo aparece sob a forma de *espírito* nos sonhos ou nos produtos da fantasia, ou se comporta inclusive como um fantasma. Há uma aura mística em torno de sua numinosidade, e esta exerce um efeito correspondente sobre os afetos.[23]

Ainda nessa linha de raciocínio, de que os arquétipos são experimentados como algo que provém do além, Jung acrescenta que eles podem assumir formas representativas de anjos, arcanjos ou potestades, enfim, seres sobrenaturais, benignos ou malignos.

> As imagens primordiais são as formas mais antigas e universais da imaginação humana. São simultaneamente sentimento e pensamento. Têm como que vida própria, independente, mais ou menos como a das *almas parciais*, fáceis de serem encontradas nos sistemas filosóficos ou gnósticos, apoiados nas percepções do inconsciente como fonte de conhecimento. A ideia dos anjos e arcanjos, dos "tronos e potestades" de Paulo, dos arcontes dos gnósticos, das hierarquias celestiais em *Dionysius Areopagita* etc., deriva da percepção da relativa autonomia dos arquétipos.[24]

Em outro trecho há uma definição ou descrição do que é um arquétipo bastante interessante, onde destaca o aparecimento de fantasias ligadas ao inconsciente coletivo durante os procedimentos terapêuticos. As camadas mais profundas começam a vir à tona, à medida que o processo de individuação (amplificação da personalidade que incorpora os estratos da inconsciência através a conscientização de seus conteúdos) vai se concretizando. Lá no fundo, são encontrados os arquétipos.

> Logo, neste estágio mais adiantado do tratamento, em que as fantasias não repousam mais sobre as reminiscências pessoais, trata-se da manifestação da camada mais profunda do inconsciente, onde jazem adormecidas as imagens humanas universais e originárias. Essas imagens ou motivos, denominei-os *arquétipos* (ou então "dominantes").[25]

Jung atribuía aos arquétipos as ideias mais brilhantes da humanidade, pois se assentam sobre divisões há muito sedimentadas na estrutura psíquica e biológica do ser humano.

> Os maiores e melhores pensamentos da humanidade são moldados sobre imagens primordiais, como sobre a planta de um projeto. Muitas vezes já me perguntaram de onde provêm esses arquétipos ou imagens primordiais. Suponho que sejam sedimentos de experiências constantemente revividas pela humanidade. Parece que a explicação não pode ser outra. [...] Nada nos impede de supor que certos arquétipos já estejam presentes nos animais, pertençam ao sistema da própria vida e, por conseguinte, sejam pura expressão de vida, cujo modo de ser dispensa qualquer outra explicação. Ao que parece, os arquétipos não são apenas impregnados de experiências típicas, incessantemente repetidas, mas também se comportam empiricamente como *forças* ou tendências à repetição das mesmas experiências. Cada vez que um arquétipo aparece em sonho, na fantasia ou na vida, ele traz consigo uma "influência" específica ou uma força que lhe confere um efeito *numinoso* e fascinante ou que impele à ação.[26]

Em outra obra destaca que os arquétipos também são responsáveis pelos padrões de comportamento das pessoas. O estado de "baixo nível" da mente consciente permite que conteúdos do inconsciente cheguem à superfície.

> Os arquétipos são fatores formais responsáveis pela organização dos processos psíquicos inconscientes: são os *patterns of behaviour* (padrões de comportamento). Ao mesmo tempo, os arquétipos têm uma "carga específica": desenvolvem efeitos numinosos que se expressam como *afetos*. O afeto produz um *abaissement de niveau mental* (baixa de nível mental) parcial, porque, justamente na medida em que eleva um determinado conteúdo a um grau supranormal de luminosidade, retira também tal quantidade de energia de outros conteúdos possíveis da consciência, a ponto que estes se tornam obscuros e inconscientes.[27]

Ele também menciona alguns dos arquétipos mais comumente encontrados nas pessoas: *anima*, *animus* e sombra. Neste momento, destaco apenas este último, pois ele será importante para uma leitura do símbolo do Diabo mais adiante.

> Os conteúdos do inconsciente pessoal são aquisições da existência individual, ao passo que os conteúdos do inconsciente coletivo são *arquétipos* que existem sempre e *a priori*. Em outra obra tratei da relação existente entre estes últimos e os instintos. Empiricamente, os arquétipos que se caracterizam mais nitidamente são aqueles que mais frequentemente e intensamente influenciam ou perturbam o eu. São eles a *sombra*, a *anima* e o *animus*. A figura mais facilmente acessível à experiência é a sombra, pois é possível ter um conhecimento bastante aprofundado de sua natureza.[28]

A sombra se manifesta o tempo todo nas pessoas, mas a maioria não percebe ou não suporta ter que admitir que é ela que está em ação. Normalmente este lado obscuro faz suas aparições através de projeções. Lançamos sobre os outros aquilo que consideramos abjeto demais para pertencer a nós. Alguém que deseje conhecer seu espectro, o refugo de sua personalidade, precisa ficar atento ao que diz sobre as demais pessoas, especialmente quando as designa de forma negativa. Quando afirmamos algo do tipo "odeio quando fulano diz isso ou faz aquilo", há uma grande possibilidade de que estamos projetando nossa sombra sobre aquela pessoa.

Por fim, é preciso dizer que um arquétipo é muito mais que um conceito criado por Jung. Para o nosso autor, estamos falando de algo muito real do ponto de vista empírico e que possui uma densidade de sentimentos e vitalidade.

> Pretendi demonstrar com isso como se apresentam os arquétipos na experiência prática. No primeiro caso, apareceram em sua forma original, isto é, *são imagens e ao mesmo tempo emoções*. Só podemos falar de um arquétipo quando estão presentes esses dois aspectos ao mesmo tempo. [...] Por isso é um grande erro em todos os casos práticos tratar um arquétipo

como simples nome, palavra ou conceito. É muito mais que isso: é um pedaço de vida, enquanto é uma imagem que está ligada a um indivíduo vivo por meio da ponte do sentimento.[29]

(5) Tendo exposto os aspectos básicos do modelo da psique de Jung, podemos passar agora aos seus "desvios" ou desequilíbrios. Um problema que aparece o tempo todo nos escritos do psiquiatra suíço é a questão da unilateralidade. Como ele considera que o ideal para a saúde psíquica é que exista um balanceamento entre consciente e inconsciente, quando há uma polarização, o sujeito se torna vulnerável. Por exemplo, uma pessoa que penda para o racionalismo, portanto tende a supervalorizar a consciência, pode desembocar em um estado neurótico. O inverso, uma submersão no inconsciente, sem que a pessoa tenha uma consciência bem estruturada, pode conduzir a estados delirantes. Em ambos os casos, o indivíduo decai para um dos lados.

Vejamos uma narrativa de Jung que descreve uma pessoa, demasiadamente intelectualizada, que acaba por desaguar em um estado neurótico:

> Eis porque os doentes mais difíceis e mais ingratos, seguindo a experiência que fiz, são, além dos mentirosos habituais, os pretensos intelectuais; pois entre eles, uma das mãos sempre ignora o que faz a outra. Eles cultivam uma psicologia de compartimentos. Com um intelecto que não é controlado por nenhum sentimento, é possível fazer tudo, resolver tudo, e no entanto a neurose não desaparece.[30]

Em outra passagem, volta ao problema da neurose, mas mostra que também o seu contrário é problemático. Se pender para o intelectualismo pode conduzir à neurose, estar sob influxo direto do inconsciente pode acarretar o desenvolvimento de uma psicose.

> A natureza determinada e dirigida dos conteúdos da consciência é uma qualidade que só foi adquirida relativamente tarde na história da humanidade e falta, amplamente, entre os primitivos de nossos dias. Também esta qualidade é frequente-

> mente prejudicada nos pacientes neuróticos que se distinguem dos indivíduos normais pelo fato de que o liminar da consciência é mais facilmente deslocável, ou, em outros termos: a parede divisória situada entre a consciência e o inconsciente é muito mais permeável. O psicótico, por outro lado, acha-se inteiramente sob o influxo direto do inconsciente.[31]

Avancemos ainda um pouco mais nesse campo dos "desvios" da psique. Assim, outro risco, proveniente da unilateralidade, é o desenvolvimento de uma esquizofrenia.

> Este ponto de vista é essencial em cada processo de confrontação com o inconsciente. O ego deve receber o mesmo valor, no processo, que o inconsciente, e vice-versa. Isso constitui uma advertência por demais necessária, pois justamente do mesmo modo como a consciência do homem civilizado exerce uma influência limitadora sobre o inconsciente, assim também um inconsciente novamente descoberto age perigosamente sobre o eu. Assim como o eu reprimira o inconsciente, assim também um inconsciente libertado pode pôr de lado o eu e dominá-lo. O perigo está em "perder a serenidade", isto é, em não poder mais defender sua existência contra a pressão dos fatores afetivos – situação esta que encontramos frequentemente no início da esquizofrenia.[32]

Parece que o problema central das patologias, na visão junguiana, sejam elas temporárias ou duradouras, está sempre voltado para uma unilateralidade persistente. Todavia, ela também tem suas vantagens, pois pode permitir concentração de energia para a execução de tarefas complexas e que, portanto, exigem demais do sujeito.

> A unilateralidade é uma característica inevitável, porque necessária, do processo dirigido, pois direção implica unilateralidade. A unilateralidade é, ao mesmo tempo, uma vantagem e um inconveniente, mesmo quando parece não

> haver um inconveniente exteriormente reconhecível, existe, contudo, sempre uma contraposição igualmente pronunciada no inconsciente, a não ser que se trate absolutamente de um caso ideal em que todas as componentes psíquicas tendem, sem exceção, para uma só e mesma direção. É um caso cuja possibilidade não pode ser negada em teoria, mas na prática raramente acontecerá. A contraposição é inócua, enquanto não contiver um valor energético maior. Mas se a tensão dos opostos aumenta, em consequência de uma unilateralidade demasiado grande, a tendência oposta irrompe na consciência, e isto quase sempre precisamente no momento em que é mais importante manter a direção consciente. Assim um orador comete um deslize de linguagem precisamente quando maior é o seu empenho em não dizer alguma estupidez. Este momento é crítico porque apresenta o mais alto grau de tensão energética que pode explodir, quando o inconsciente já está carregado, e liberar o conteúdo inconsciente.[33]

Temos que ressaltar também que há um constante desacordo entre consciente e inconsciente em função de existir uma distinção severa entre eles e pelo fato de funcionarem de maneira compensatória, um em relação ao outro.

> A experiência do campo da psicologia analítica tem mostrado abundantemente que o consciente e o inconsciente raramente estão de acordo no que se refere a seus conteúdos e tendências. Esta falta de paralelismo, como nos ensina a experiência, não é meramente acidental ou sem propósito, mas se deve ao fato de que o inconsciente se comporta de maneira compensatória ou complementar em relação à consciência. Podemos inverter a formulação e dizer que a consciência se comporta de maneira compensatória em relação ao inconsciente. A razão desta relação é que: 1) os conteúdos do inconsciente possuem um valor liminar, de sorte que todos os elementos por demais débeis permanecem no inconsciente; 2) a consciência, devido

> a suas funções dirigidas, exerce *inibição* (que Freud chama de censura) sobre todo material incompatível, em consequência do que, este material incompatível mergulha no inconsciente; 3) a consciência é um *processo momentâneo de adaptação*, ao passo que o inconsciente contém não só todo o material esquecido do passado individual, mas todos os traços funcionais herdados que constituem a estrutura do espírito humano e 4) o inconsciente contém todas as combinações da fantasia que ainda não ultrapassaram a intensidade liminar e, com o correr do tempo em circunstâncias favoráveis, entrarão no campo luminoso da consciência.[34]

Outro conceito que Jung usava para se referir à unilateralidade é o de enantiodromia, que significa correr ou pender na direção contrária. Quando insistimos demais em algo, podemos experimentar uma pulsão que poderá nos levar à direção contrária à que seguíamos anteriormente. A expressão é explicada da seguinte maneira:

> O velho Heráclito, que era realmente um grande sábio, descobriu a mais fantástica de todas as leis da psicologia: *a função reguladora dos contrários*. Deu-lhe o nome de *enantiodromia* (correr em direção contrária), advertindo que um dia tudo reverte em seu contrário. [...] A cultura racional dirige-se necessariamente para o seu contrário, ou seja, para o aniquilamento irracional da cultura. Não devemos nos identificar com a própria razão, pois o homem não é apenas racional, não pode e nunca vai sê-lo. Todos os mestres da cultura deveriam saber disso. O irracional não deve e não pode ser extirpado. Os deuses não podem e não devem morrer. Há pouco, dizia que sempre parece haver algo como um poder superior na alma humana. Se não é a ideia de Deus, é o estômago, para empregar a expressão de Paulo. Com isso pretendo deixar expresso o fato de sempre haver um impulso ou um complexo qualquer que concentra em si a maior parcela da energia psíquica, obrigando o eu a colocar-se a seu serviço. Habitualmente, é tão intensa a força

> de atração exercida por esse foco de energia sobre o eu que este se identifica com ele, passando a acreditar que fora e além dele não existe outro desejo ou necessidade. É assim que se forma uma mania, monomania, possessão ou uma tremenda unilateralidade que compromete gravemente o equilíbrio psíquico.[35]

É interessante pararmos para refletir um pouco sobre isso. O psiquiatra suíço encarou a Primeira e a Segunda Guerras Mundiais. Podemos nos referir especialmente à situação em que o nazismo se projetou sobre a Alemanha e, assim, sobre boa parte da Europa. Essa época foi por ele interpretada como um fluxo de irracionalismo que se sucedeu a um racionalismo acentuado e unilateral que antecedera o curso anterior. Esse é sempre o risco de pender demais para uma tendência, seja ela pessoal ou coletiva.

Outra situação de unilateralidade que inverte o seu sentido, ligada ao campo da experiência religiosa, é a conversão. Aliás, um dos termos gregos do Novo Testamento usado para defini-la já aponta para o fenômeno da enantiodromia: *metanoia*. Esta palavra designa uma inversão da direção que um sujeito seguia. O que vemos na prática é bastante interessante. Uma pessoa com "ouvido surdo" para a vida mística se torna uma das mais piedosas, de um dia para outro. De um modo que pode, facilmente, se tornar irritante por seu ascetismo. Todavia, assim como se transformou de irreligiosa em religiosíssima em pouco tempo, pode também percorrer o caminho inverso de novo. Por isso, em todas as situações, a sabedoria instintiva nos aconselha, em tudo, moderação, o que é sempre um grande desafio para todos nós.

Enfim, como é que se pode superar a unilateralidade? Através do processo que nosso escritor denominou de transcendência, como veremos a seguir.

(6) Para completar esta exposição inicial, creio ser necessário abordar a questão da transcendência, que Jung via como o meio através do qual superamos a unilateralidade ou a oposição, sempre latente, entre o consciente e o inconsciente. Comecemos com uma definição ou expressão do seu significado.

> Por "função transcendente" não se deve entender algo de misterioso e por assim dizer suprassensível ou metafísico, mas uma função que, por sua natureza, pode-se comparar com uma função matemática de igual denominação, e é uma função de números reais e imaginários. A função psicológica e "transcendente" resulta da união dos conteúdos *conscientes* e *inconscientes*.[36]

Ele parece ter se inspirado nos conceitos oriundos das filosofias chinesas, que preconizam um equilíbrio entre dois polos distintos e em permanente oposição. Como se pode notar, a palavra transcendente não tem uma conotação religiosa, de busca de uma realidade intangível sobrenatural. Designa, isso sim, uma forma de superação ou equilíbrio dos opostos, neste caso, uma equação que possa dosar as experiências com o consciente e o inconsciente.

Uma pessoa em um estado em que está pendendo perigosamente para uma das suas dimensões precisa de ajuda para transcender sua situação. Neste caso, será necessária a ajuda de um terapeuta, que a auxiliará quando houver transferência daquela para este.

> Por isto, na prática é o médico adequadamente treinado que faz de função transcendente para o paciente, isto é, ajuda o paciente a unir a consciência e o inconsciente e, assim, chegar a uma nova atitude. Nesta função do médico está uma das muitas significações importantes da *transferência*: por meio dela o paciente se agarra à pessoa que parece lhe prometer uma renovação da atitude; com a transferência, ele procura esta mudança que lhe é vital, embora não tome consciência disto.[37]

Devo lembrar que procurei apresentar o modelo da vida intrapsíquica de Jung da forma mais didática que pude. Comecei com uma visão sintética representada graficamente e, em seguida, passei a fazer uma exposição que visou explicitar cada um dos conceitos e dimensões que compreendi que seriam os mais importantes.

Depois de discorrer sobre como o psiquiatra suíço via a psique, ainda me empenhei em ampliar um pouco mais o debate, ao apresentar alguns conceitos complementares que visavam explicar o que acontecia com a vida de uma pessoa quando havia em seu interior um desequilíbrio entre o consciente e o inconsciente.

Creio que a longa apresentação foi necessária porque, a seguir, vou abordar as fontes primárias com as quais vou trabalhar. Na sequência, partirei para a análise dos textos introduzidos a fim de fazer uma leitura junguiana deles. Assim, pretendo demonstrar que Cristo é um símbolo do arquétipo do Si-mesmo, enquanto o Diabo é um protótipo da sombra. Afirmações como estas seriam totalmente sem sentido se eu não tivesse explicado previamente a concepção global de psique do autor, assim como o que é um arquétipo, o Si-mesmo e a sombra.

Notas

1 Mcguire, W. Cartas de Freud e Jung. Petrópolis: Vozes, 2023.

2 Jung, C. G. Memórias, sonhos, reflexões. Rio de Janeiro: Nova Fronteira, 2012. p. 188-189.

3 Ibid. p. 191.

4 Ibid. p. 200.

5 Freud, S. Conferências introdutórias à psicanálise [1916-1917]. São Paulo: Companhia das letras, 2014. Coleção Obras Completas, v. 13. p. 360.

6 Jung, C. G. A vida simbólica. Petrópolis: Vozes, 2011. Coleção Obra Completa, v. 18/2. § 1223, p. 93. Para facilitar a localização de citações dos seus escritos que estão em edições diferentes da que utilizo, acrescento o volume (v.) e o parágrafo (§), que são dados universais da suas Obras Completas (OC).

7 Jung, C. G. Aion: estudo sobre o simbolismo do si-mesmo. Petrópolis: Vozes, 2011. (OC 9/2). § 1, p. 13.

8 Ibid. § 9, p. 16.

9 Id. A vida simbólica. Petrópolis: Vozes, 2011. (OC 18/2). § 1817, p. 434.

10 Id. Aion: estudo sobre o simbolismo do si-mesmo. Petrópolis: Vozes, 2011. (OC 9/2). § 11, p. 17.

11 Ibid. § 9, p. 16.

12 Id. Psicologia do inconsciente. Petrópolis: Vozes, 2012. (OC 7/1). § 103, p. 77.

13 Ibid. § 118, p. 89.

14 Id. A natureza da psique. Petrópolis: Vozes, 2011. (OC 8/2). § 200, p. 42.

15 Ibid. § 253, p. 67.

16 Ibid. § 201, p. 42-43.

17 Ibid. § 204, p. 45-46.

18 Ibid. § 210, p. 49.

19 Id. Os arquétipos do inconsciente coletivo. Petrópolis: Vozes, 2012. (OC 9/2). § 1, p. 11.

20 Ibid. § 3, p. 12.

21 Id. A natureza da psique. Petrópolis: Vozes, 2011. (OC 8/2). § 270, p. 76-77.

22 Id. A vida simbólica. Petrópolis: Vozes, 2011. (OC 18/1). § 523, p. 247.

23 Id. A natureza da psique. Petrópolis: Vozes, 2011. (OC 8/2). § 405, p. 154.

24 Id. Psicologia do inconsciente. Petrópolis: Vozes, 2012. (OC 7/1). § 104, p. 78.

25 Ibid. § 102, p. 77.

26 Ibid. § 109, p. 81.

27 Id. Sincronicidade. Petrópolis: Vozes, 2012. (OC 8/3). § 841, p. 29-30.

28 Id. Aion: estudo sobre o simbolismo do si-mesmo. Petrópolis: Vozes, 2011. (OC 9/2). § 13, p. 19.

29 Id. A vida simbólica. Petrópolis: Vozes, 2011. (OC 18/1). § 589, p. 276.

30 Id. Memórias, sonhos, reflexões. Rio de Janeiro: Nova Fronteira, 2012. p. 186-187.

31 Id. A natureza da psique. Petrópolis: Vozes, 2011. (OC 8/2). § 134, p. 14.

32 Ibid. § 181, p. 34.

33 Ibid. § 138, p. 15-16.

34 Ibid. § 132, p. 13-14.

35 Id. Psicologia do inconsciente. Petrópolis: Vozes, 2012. (OC 7/1). § 111, p. 83-84.

36 Id. A natureza da psique. Petrópolis: Vozes, 2011. (OC 8/2). § 131, p. 13.

37 Ibid. § 146, p. 18-19.

2. OS ATOS APÓCRIFOS DOS APÓSTOLOS EM SEU CONTEXTO

A seguir vamos lidar com um conjunto literário denominado de Atos Apócrifos dos Apóstolos. Creio que, antes mesmo de contextualizar os livros que fazem parte desse bloco, creio ser necessário indicar que tipo de literatura é essa. Uma boa forma de fazer isso é mostrar o que os dois aspectos principais da designação querem dizer: Por que chamá-los de *Atos*? Por que são assinalados como escritos *Apócrifos*?

(1) Comecemos por debater a relação entre estes Atos com o seu homônimo canônico. Atos de Paulo e os demais Atos Apócrifos são diferentes formas de apropriação tardia do livro de Atos dos Apóstolos do Novo Testamento, cuja autoria é atribuída a Lucas. Uso a palavra apropriação como termo técnico do campo da historiografia da leitura que serve para designar a reinvenção de um texto quando é lido por um sujeito ou um grupo social. O maior especialista da atualidade no assunto, Roger Chartier, descreve a expressão da seguinte maneira:

> A apropriação, tal como a entendemos, tem por objetivo uma história social das interpretações, remetidas para as suas determinações fundamentais (que são sociais, institucionais, culturais) e inscritas nas práticas específicas que as produzem. Conceder deste modo atenção às condições e aos processos que, muito concretamente, determinam as operações de construção de sentido (na relação de leitura, mas em muitas outras também) é reconhecer, contra a antiga história intelectual, que as inteligências não são desencarnadas, e, contra as correntes de pensamento que postulam o universal, que as categorias aparentemente mais invariáveis devem ser construídas na descontinuidade das trajetórias históricas.[1]

A partir de uma matriz (Atos Canônico) várias apropriações (recriações) vão sendo realizadas (Atos Apócrifos), gerando diferentes textos (Atos de André, Atos de João, Atos de Pedro, Atos de Paulo, Atos de Tomé etc.), que fazem sentido para grupos de épocas distintas e em contextos culturais variados. Assim, podemos dizer que Atos Apócrifos imitam os Atos Canônicos à medida que tomam as ações dos apóstolos como enredo, mas não reproduzem o seu conteúdo, simplesmente, e sim recriam o texto do primeiro século em períodos posteriores (segundo e terceiro séculos) para fazer com que o escrito seminal continue relevante para as pessoas de seu tempo.

Pedro Ipiranga Júnior descreve de forma interessante a relação entre os dois conjuntos literários:

> Há toda uma polêmica para se classificar os Atos canônicos segundo um determinado gênero; a despeito de declarações que os assimilam a ficções, são qualificados geralmente segundo a rubrica de monografia histórica, que apresentaria uma série de similaridades quanto aos procedimentos técnicos e estilísticos com a historiografia helenística. Por seu turno, os Atos Apócrifos tendem a mimetizar esse tipo de escrita historiográfica cristã, mas não apresentam um interesse de manter qualquer fidelidade histórica dos fatos, deles se utilizando ou mesmo os inventando segundo as necessidades da narrativa. De qualquer forma, é mantido esse compromisso de relatar fatos minimamente comprováveis, com o intuito de oferecer um testemunho de fé, com fins doutrinais e ligados ao culto de santos, mártires e apóstolos, o que de certo modo, vai instaurar toda uma literatura de martírio.[2]

Eu não diria apenas que os Atos Canônicos apresentam ausência de precisão histórica ou factual, enquanto nos Atos Apócrifos o compromisso é com o entretenimento e a ficcionalidade. Creio que, mesmo neste último conjunto literário, a historicidade não deva ser descartada.

> Ler os *Atos de Paulo* expõe a outras surpresas: nem mistérios, nem linguagem oculta, nem cultura do segredo. Não busquem aqui as palavras de um sábio: a obra de que trataremos agora pertence ao grande caudal da literatura de ficção. Os *Atos de Paulo* são um romance, e como todo romance seu objetivo é cativar o leitor contando-lhe uma história palpitante. [...] A essa escola da vida representada pelo romance de amor helenístico corresponde a escola da vida cristã exposta a seus leitores pelo romance cristão. Este não busca realizar um debate teológico refinado. A regra é instruir distraindo. Uma arte sutil é cultivada aqui, a arte de conjugar divertimento e instrução religiosa.[3]

Eu afirmaria que qualquer texto, mesmo ficcional, sempre tem conexões com a história, mesmo que seu propósito de produção tenha sido o de divertir os seus potenciais leitores ou leitoras. Se os Atos Canônicos procuram instrumentalizar os dados históricos em função de seu propósito teológico, que é o de demonstrar o sucesso do cristianismo em suas primeiras décadas em função do vigor da ação do Espírito Santo na vida dos fiéis, os Atos Apócrifos visam também a edificação das pessoas que os acolhem, mas realizam seu alvo deslizando entre os campos da realidade e da ficção o tempo todo. Para mim, a diferença entre os dois textos é muito mais de grau do que de natureza!

(2) Passemos agora ao significado de esses livros serem caracterizados como Apócrifos. Eu diria que a "apocrificidade" de um texto é variável, ou seja, depende do ponto de vista de quem o classifica. Um protestante chama de apócrifos livros que os católicos denominam de deuterocanônicos, como seria o caso, por exemplo, dos dois Livros dos Macabeus. Mas, por outro lado, ambos designam os Atos de Paulo de apócrifos.

A definição de um texto como sendo apócrifo está relacionada com o que um determinado grupo compreende por canônico. Este último termo designa um conjunto de textos que pessoas ou segmentos religiosos entendem ter um caráter sagrado ou normativo. Por seu turno, os apócrifos seriam os escritos que, sendo do mesmo gênero literário dos que pertencem ao cânon, mas, por vários motivos, não foram considerados dignos de fazer parte dele. Essa é uma forma de enxergar as coisas sob o prisma de uma perspectiva estritamente religiosa, que classifica textos, conceitos e práticas pelo viés do par de opostos ortodoxia-heterodoxia.

O historiador/a, claro, tenta olhar as coisas de um ponto de vista diferente, mesmo que não consiga fazê-lo muitas vezes. Quando empreendemos realizar uma historiografia do cristianismo, o fundamental é que tenhamos fontes primárias, documentos (textos, vestígios materiais ou testemunhos) que sejam produzidos diretamente pelos agentes sociais que são "objeto" de investigação. Assim, se um pesquisador ou pesquisadora investiga, por exemplo, o gnosticismo, os textos canônicos ou ortodoxos só serão úteis se estiver interessado na visão que os "outros" tinham deles. Se quisermos saber o que um gnóstico do mundo antigo pensava sobre si, temos que procurar seus próprios testemunhos ou vestígios. Assim, os seus escritos seriam muito mais preciosos para o historiador que os ortodoxos.

Os dois aspectos que estou descrevendo e analisando (relação com Atos Canônicos e definição de apócrifo) podem ser encontrados nas definições de Trevijano:

> A literatura apócrifa tem sido descrita como um gênero complexo de produtos literários que constituem imitações de escritos bíblicos, enquanto tratam novamente ou ampliam temas desses escritos – ou são atribuídos a personalidades em destaque da história bíblica. [...] Foram chamados de *apócrifos* em um duplo sentido. 1. Enquanto secretos, excluídos do uso público, comum, da Igreja (Orígenes). Um livro apócrifo era no começo um livro demasiadamente secreto e sagrado que não podia ser conhecido por todos. Devia ser mantido escondido do público em geral e reservado aos iniciados da seita. No século II apareceu uma série desses livros "apócrifos" com os nomes dos apóstolos e discípulos de Jesus. 2. Com o reconhecimento da falsidade dessas atribuições, o significado do termo mudou e o termo "apócrifo" passou a significar espúrio, falso, rejeitado. [...] "Apócrifo" tem, pois o sentido preciso, técnico, de não-canônico.[4]

Tentando sair dessa tradicional definição de apócrifo, de modo sempre a criar uma oposição ao que é canônico e / ou ortodoxo, P. Piovanelli procura deixar de lado a sua classificação ou categorização, a fim de investigar a forma como esses escritos *funcionam*. Com isso, ele consegue olhar para esses textos de uma forma bastante positiva, pois, ao recriarem a narrativa canônica em momentos posteriores variados da história, estariam até mesmo contribuindo para que a tradição bíblica fosse preservada. Claro que um "purista" ou amante da "verdade original" não pensaria de forma tão otimista, mas isso já seria outro problema que teríamos que discutir em momento e lugar mais apropriados.

> Alguns vestígios de tal hermenêutica dos apócrifos podem ser detectados até mesmo em algumas biografias recentes de Jesus e Paulo, como na excelente "biografia íntima" do Rabi Jesus escrita por Bruce Chilton, ou na reconstrução narrativa da "história" da Paulo de Tarso de Jerome Murphy-O'Connor. [...] De qualquer forma, a reinvenção apócrifa das origens é, na minha opinião, um fenômeno quase universal que pode contribuir para salvar do esquecimento uma tradição viva que está armazenada para, constantemente, re-atualizar e re-legitimar essa tradição, à medida que o tempo passa.[5]

Tomando um exemplo dentre os textos apócrifos, eu diria que os Atos de Paulo, embora tenham como enredo as atuações do apóstolo no primeiro século, através de seu processo de apropriação dessa tradição, reinventam sua vida para leitores e fiéis do segundo século, época de sua escrita. Ao invés de sua apocrificidade ser compreendida como empecilho para compreendermos Paulo, podemos vê-la como uma forma interessante de como os cristãos do segundo século percebiam a si mesmos, à medida que representavam Paulo e suas cooperadoras. Em suma, eu diria que os Atos de Paulo revelam mais sobre o contexto em que foram escritos (final do segundo século) do que sobre o tempo do apóstolo dos gentios (meados do primeiro século). Tendo esclarecido esses dados, podemos, agora, passar aos aspectos introdutórios dos Atos Apócrifos, de forma propriamente dita.

Há uma excelente edição dos Atos dos Apóstolos Apócrifos. Trata-se de obra bilíngue, com tradução para o espanhol de escritos que estão, majoritariamente, em grego e com alguns poucos trechos em latim. Além disso, os textos antigos estão agrupados em três tomos e recebem uma longa introdução geral dos editores, assim como considerações sobre as particularidades de cada livro, ao longo dos volumes. Vou usar alguns dados dos editores dos Atos Apócrifos dos Apóstolos para analisar questões iniciais aos livros, além de mais alguns dados provenientes de outras obras de autores contemporâneos.

Os dois primeiros volumes da coleção trazem textos dos séculos II e III d.C. (talvez) e o terceiro tomo é uma nova coletânea com livros dispersos entre os séculos IV e IX d.C. Pela leitura dos três livros, tenho a impressão de que o primeiro e o segundo formam uma unidade original que foi acrescida de um terceiro tomo apenas a posteriori. Digo isso porque no primeiro volume há uma introdução geral aos Atos Apócrifos dos Apóstolos que diz respeito apenas a textos que compõem os tomos um e dois. Além disso, a numeração das páginas dos dois primeiros livros está em continuidade, mas o terceiro recebe paginação à parte. No início do terceiro volume há uma nova introdução que diz se tratarem de textos que podem ser designados como sendo pertencentes a uma segunda geração e, por isso, recebem um tratamento à parte.

Assim, é importante ressaltar que há uma primeira geração de Atos Apócrifos dos Apóstolos, composta dos Atos de André, Atos de João, Atos de Pedro[6], Atos de Paulo e Atos de Tomé[7], que são textos escritos no século II e (talvez) III d.C. E há uma segunda geração de livros, cuja lista é bem maior – Atos de Filipe, Martírio de Pedro, Atos de André e Mateus, Martírio de Mateus, Atos de Pedro e Paulo, Viagens e martírio de Barnabé, Atos de Tadeu, Atos de João, por Prócoro, Atos de Tiago o Maior, Atos de Tiago, Simão e Judas, Milagres de João, Paixão de Bartolomeu, Martírio de Nereu e Aquiles e Martírio de André[8] – e foram escritos mais tardiamente, entre os séculos IV e IX d.C.

Na introdução geral, constante no primeiro tomo, os editores dizem que os escritos da primeira geração dos Atos Apócrifos procedem dos séculos II e (talvez) III d.C., quando ainda não havia se consolidado no cristianismo antigo a concepção de "verdadeira doutrina" ou mesmo não existia um consenso sobre o que deveria ou não ser considerado como conhecimento ortodoxo. Por isso, as vozes dos Atos Apócrifos dos Apóstolos da primeira geração pareciam ter pretensões análogas às dos autores do Novo Testamento.[9]

Algumas marcas de seu contexto de escrita são descritas da seguinte forma pelos editores dos Atos dos Apóstolos Apócrifos:

> Os AtAp [Atos Apócrifos] são um testemunho vivo do cristianismo da época. Um cristianismo pleno de luzes e sombras, temores e esperanças. Um cristianismo tentado pela sabedoria dos gregos ou atraído pelas doutrinas esotéricas do gnosticismo ou as aparências de perfeição ascética de certas práticas rigoristas. Mas é um cristianismo que segue recordando seus heróis e cultivando sua memória e suas doutrinas, apoiado em uma hierarquia e uma liturgia.[10]

Com base na interpretação dos dados dispersos ao longo das páginas introdutórias do primeiro volume da edição bilíngue dos Atos Apócrifos dos Apóstolos[11], construí o seguinte quadro sintético que se refere à datação dos livros da primeira geração:

150 d.C.	160 d.C.	185-195 d.C.		250 d.C.
André	João	Pedro	Paulo	Tomé

Os textos teriam sido escritos nessa ordem cronológica: André, João, Pedro, Paulo e Tomé. André seria o texto mais antigo e Tomé o mais recente da primeira geração.

Uma vez que apresentei as fontes que serão analisadas, posso passar para os recortes de trechos que falam de Cristo e do Diabo para, em seguida, fazer uma apreciação junguiana destes símbolos.

Notas

1 Chartier, R. A História Cultural: entre práticas e representações. Lisboa: Difel, s.d. p. 26-27.

2 Ipiranga, P. A concepção de páthos em relatos híbridos na antiguidade: José e Aseneth e os Atos de Paulo e Tecla. Disponível em: <https://www.revista.classica.org.br/classica/article/view/263/224>. Acesso em 27 mar. 2025. p. 78.

3 Marguerat, D. & Rebell, W. Os Atos de Paulo. Um retrato inabitual do apóstolo. In: Kaestli, J. D. & Marguerat, D. (Orgs.). O mistério apócrifo: introdução a uma literatura desconhecida. São Paulo: Loyola, 2012. p. 125-126.

4 Trevijano, R. A Bíblia no cristianismo antigo: pré-nicenos, gnósticos, apócrifos. São Paulo: Ave Maria, 2009. p. 294-295.

5 Piovanelli, P. What is a christian apocryphal text and how does it work? Some observations on apocryphal hermeneutics. Nederlands Theologisch Tijdschrift, Groningen, n. 59, p. 31-40, 2005. p. 39.

6 Piñero, A. & Cerro, G. Hechos apócrifos de los apóstoles I: Hechos de Andrés, Juan y Pedro. Madrid: Biblioteca de Autores Cristianos, 2004.

7 Id. Hechos apócrifos de los apóstoles II: Hechos de Pablo y Tomás. Madrid: Biblioteca de Autores Cristianos, 2005.

8 Id. Hechos apócrifos de los apóstoles III: Hechos de Filipe, Martirio de Pedro, Hechos de Andrés y Mateo, Martirio de Mateo, Hechos de Pedro, Viajes y martírio de Bernabé, Hechos de Tadeo, Hechos de Juan, por Prócoro, Hechos de Santiago el Mayor, Hechos de Santiago, Simón y Judas, Milagros de Juan, Pasión de Bartolomé, Martirio de Nereo y Aquiles, Martirio de Andrés. Madrid: Biblioteca de Autores Cristianos, 2011.

9 Id. Hechos apócrifos de los apóstoles I: Hechos de Andrés, Juan y Pedro. Madrid: Biblioteca de Autores Cristianos, 2004. p. 4.

10 Ibid. p. 99.

11 Ibid. p. 68.

3. UMA REFLEXÃO SOBRE OS SÍMBOLOS DE CRISTO E DO DIABO

Creio que o único dado da Psicologia de Jung, fundamental para este texto e que ainda não discuti, é o que gira em torno do símbolo. Ironicamente, é a informação mais importante para a presente reflexão, uma vez que o título aponta para os símbolos de Cristo e do Diabo. Devo dizer que vou passar a discutir a noção somente agora por uma razão bem simples: eu dependia da exposição prévia, realizada nos tópicos anteriores, para que um debate sobre o campo simbólico fizesse sentido.

Uso, propositalmente, palavras que indicam indeterminação – dado, informação, noção e campo – para me referir ao símbolo em função da plasticidade que ele sempre comporta. Enquanto um conceito requer bastante precisão, uma noção precisa ser mais vaga ou ampla. Isto combina bem com a natureza do símbolo. Sendo um fenômeno originário do inconsciente, não deve caber em parâmetros muito estreitos. Se buscássemos conceituar um símbolo, correríamos o risco de racionalizá-lo, descaracterizando seu tom irracional, emotivo, intuitivo e genérico.

Tendo feito as devidas problematizações iniciais, podemos passar para o debate sobre o que seria um símbolo, sempre resistindo à tentação de fazer com que ele corresponda exatamente ao que as palavras designam: "O símbolo, no entanto, pressupõe sempre que a expressão escolhida seja a melhor designação ou fórmula possível de um fato relativamente desconhecido, mas cuja existência é conhecida ou postulada."[1] Como se pode notar, a elasticidade ou imprecisão do símbolo está expressa na frase citada de forma bastante coerente com minhas considerações prévias. A característica de um fato inconsciente é que ele é desconhecido pelo sujeito ou coletividade que o vivencia. Assim, se o símbolo expressa esta dimensão nebulosa para as pessoas, então, sua descrição só pode ser feita de forma parcial e difusa.

Um comentador dos escritos de Jung diz algo muito parecido com a noção expressa pelo próprio psiquiatra suíço no parágrafo anterior: "O símbolo que com isso se torna visível e vivenciável, porém, não é uma imagem fixa, mas a melhor forma possível de representação, que se serve do repertório de 'requisitos' conhecidos e formados culturalmente."[2] Como se pode notar, há reincidência de expressões como "melhor forma possível" e "melhor designação possível". Se conseguirmos expressar uma realidade de forma clara e precisa, não estaremos mais diante de um símbolo que, por sua vez, seria a linguagem do inconsciente, que é uma dimensão de nós mesmos cuja principal marca é a de ser desconhecida e antagônica de nossa consciência. Ou seja, como está atrelado ao inconsciente, precisa ser impreciso, ao menos do ponto de vista do consciente, para ser sua expressão fiel ou razoável.

Creio que neste ponto seria interessante esclarecer um pouco melhor esta relação entre inconsciente e símbolo para progredirmos em nossa compreensão dos fatos:

> O símbolo é a melhor expressão pictórica possível de uma situação emocional significativa, cuja origem está ancorada arquetipicamente no inconsciente. Os símbolos podem ser compreendidos também como a linguagem imagética da psique. São mensageiros do inconsciente e, nessa função, eles têm dois significados fundamentais. Por um lado, servem para trazer conteúdos inconscientes para o consciente. Nisso está seu caráter expressivo, pelo qual se expressam pictoricamente um acontecimento intrapsíquico. Esse processo não se desenrola de forma neutra, mas vem carregado de emoção e acompanhado de uma energia psíquica característica. É aqui onde se fundamenta o caráter influente dos símbolos, na medida em que emocionam e fascinam a partir de seu conteúdo de sentido e da emocionalidade que acompanha os mesmos.[3]

Por um lado, a linguagem do consciente é a argumentação ou, em situações de desenvolvimento mais acirrado do racionalismo, a produção de conceitos bastante complexos e precisos. Em contraste, o inconsciente se expressa através de imagens, que se configuram em símbolos e transmitem o tônus emocional de um sujeito ou coletividade em um dado momento. São muito interessantes as caracterizações dos símbolos na passagem citada: "melhor expressão pictórica possível", "linguagem imagética da psique" e "mensageiros do inconsciente". É importante ressaltar que, como emissários, os símbolos cumprem a função de comunicar os estados emocionais do inconsciente e, assim, influenciar o consciente.

Uma forma de continuar a fazer avançar o debate sobre o tema é observar a distinção que Jung fazia entre sinal e símbolo: "Toda definição que explica a expressão simbólica como analogia ou designação abreviada de algo conhecido é *semiótica*. Uma concepção que explica a expressão simbólica como a melhor formulação possível, de algo relativamente desconhecido, não podendo, por isso mesmo, ser mais clara ou característica, é *simbólica*."[4] Assim, podemos ver que, enquanto um sinal representa algo, um símbolo expressa um estado emocional ou configura uma forma de pensamento por meio de imagens. De acordo com a citação, enquanto semiótica estuda o modo como os signos designam ou pretendem indicar algo distinto de si mas que é de natureza conhecida previamente pelas pessoas, a simbólica investiga como algo se constrói coletivamente para apontar para uma experiência que não podemos designar com precisão porque apenas a entendemos parcialmente.

Outra maneira de caracterizar os símbolos sob uma ótica junguiana é classificá-los como naturais ou culturais:

> Quando um psicanalista se interessa por símbolos, ocupa-se, em primeiro lugar, dos símbolos *naturais*, distintos dos símbolos *culturais*. Os primeiros são derivados dos conteúdos inconscientes da psique e, portanto, representam um número imenso de variações das imagens arquetípicas essenciais. Em alguns casos, pode-se às suas origens arcaicas – isto é, a ideias e imagens que vamos encontrar nos mais antigos registros e nas mais primitivas sociedades. Os símbolos culturais, por outro lado, são aqueles que foram empregados para expres-

> sar "verdades eternas" e que ainda são utilizados em muitas religiões. Passaram por inúmeras transformações e mesmo por um longo processo de elaboração mais ou menos consciente, tornando-se assim imagens coletivas aceitas pelas sociedades civilizadas.[5]

Eu diria que, quando os símbolos naturais são racionalizados ou explicados pormenorizadamente, começam a se transformar em símbolos culturais. Por exemplo, eu diria que os símbolos de Cristo e do Diabo, que serão expostos um pouco mais abaixo, são símbolos naturais, o que implica que sejam expressões espontâneas do inconsciente, pessoal e coletivo. Mas, se nos aventurarmos a produzir apropriações racionalistas deles, poderão se transformar em símbolos culturais. Isto se dá, sobretudo, quando as instituições religiosas procuram se imunizar contra o que consideram heresias e passam a se preocupar com a exatidão de seus símbolos, configurando-os em doutrinas. É interessante que algumas igrejas usem a expressão "símbolo de fé" para designar formulações precisas de crenças que são por elas adotadas oficialmente. O problema dessas fórmulas é que retiram a espontaneidade com que determinados símbolos emergem dos inconscientes e se tornam documentos meramente formais, sem que tenham relevância para a maioria dos seus fiéis. Sei que a informalidade deixa as instituições vulneráveis a conceitos poderiam ser considerados estranhos, mas o preço a ser pago contra tais entreveros é um racionalismo que poderia ser combatido e compensado e não assumido como valor central.

Também temos que destacar que há um parentesco entre símbolos e sonhos, uma vez que ambos são produtos da natureza:

> Os símbolos, como os sonhos, são produtos da natureza, mas eles não aparecem só nos sonhos; podem surgir em qualquer forma de manifestação psíquica: existem pensamentos, sentimentos, ações e situações simbólicos, e muitas vezes parece que não só o inconsciente mas também objetos inanimados se arranjam de acordo com modelos simbólicos.[6]

Quando uma pessoa em estado de vigília pende muito para o racionalismo, ao dormir e sonhar, começa um processo que a conduz a fantasias e devaneios. Quando conseguimos nos lembrar de nossos sonhos, quase sempre os designamos como "estranhos". Esta avaliação, creio eu, se dá em função de ele reunir criaturas estranhas, em espaços inimagináveis e em situações inusitadas. Claro que a avaliação de um sonho como estranho é fruto de nossa função consciente. Acontece que o inconsciente funciona de forma compensatória em relação ao consciente. Assim, se o dia exigiu muito da função reflexão, nossa outra metade pode nos proporcionar uma experiência completamente oposta. Para nossa mente racionalista, os sonhos são avaliados como sem sentido e o que mais nos irrita é o fato de que não podemos controlá-los. Como são de natureza similar, sonho e símbolo, não são elaborados, mas emergem espontaneamente, ao menos de um ponto de vista de um ego racionalista e controlador. Tenho que confessar que estou tremendamente incomodado com o fato de ter que resistir à tentação de definir algo "natural" (espontâneo) como os sonhos e os símbolos até o presente momento!

Temos que acrescentar que não são apenas os estados emocionais que são expressos por meio dos símbolos, mas uma gama relativamente ampla de aspectos irracionais.

> O símbolo é sempre um produto de natureza altamente complexa, pois se compõe de dados de todas as funções psíquicas. Portanto, não é de natureza racional nem irracional. Possui um lado que fala à razão e outro inacessível à razão, pois não se constitui apenas de dados racionais, mas também de dados irracionais fornecidos pela simples percepção interna e externa. A carga de pressentimento e de significado contida no símbolo afeta tanto o pensamento quanto o sentimento, e a plasticidade que lhe é peculiar, quando apresentada de modo perceptível aos sentidos, mexe com a sensação e a intuição.[7]

Há alguma racionalidade no símbolo, mas ele não é uma expressão racionalista por excelência. Além disso, ele transporta uma carga irracional muito importante, dando forma a pressentimentos, sentimentos, sensações e intuições. Por isso, as caracterizações do campo simbólico sempre falam dele como sendo a melhor forma possível de algo desconhecido. Afinal, como poderíamos falar claramente de pressentimentos, sentimentos, sensações e intuições? Se isto fosse possível, já não seriam designados por estas palavras.

Por tudo que pudemos ver até aqui, já deve ser óbvio que não existe uma forma correta de interpretar um símbolo, pois, dada a sua natureza, ele é sempre polissêmico. Trabalhar com o universo dos símbolos é dinamitar o campo das verdades e exatidões.

> Os símbolos não possuem apenas uma, mas várias interpretações; às vezes apresentam mesmo um par de opostos como, por exemplo, a *Stella matutina* (estrela da manhã) ou Lúcifer (o que carrega a luz), que é um símbolo de Cristo e, ao mesmo tempo, o demônio. O mesmo vale para o leão. A interpretação correta depende do contexto, isto é, das associações ligadas à imagem onírica e do estado de espírito efetivo do sonhador.[8]

O trecho acima é interessante porque não fala apenas das múltiplas possibilidades de leitura dos símbolos, mas exemplifica sua plasticidade a partir dos exemplos que mencionaremos nas páginas a seguir. Como já tivemos a oportunidade de assinalar na introdução deste texto, Cristo e o Diabo possuem algumas representações comuns. Não vamos mais insistir nisto, mas apenas indicar que, em última instância, o contexto (psicológico, cultural, narrativo) é que indicará alguma direção para uma interpretação razoável de um símbolo. Gosto da expressão "reserva de sentido", como forma de designar o amplo espectro de significação que um símbolo comporta. Talvez o máximo que possamos dizer, quando o assunto é acolher um símbolo, é que uma dada leitura está ou não dentro de sua elástica gama de sentidos, onde o contexto funciona como uma bússola.

Ao fazer uma reflexão crítica sobre seu próprio contexto (Suíça da primeira metade do século XX), Jung percebia os riscos do racionalismo que se projetava sobre o mundo ocidental. Um racionalismo que levava as pessoas para longe de seu estilo de vida mais "natural" e "primitivo" e, por isso, as colocava sob sérios riscos. Tudo isto porque, para o psiquiatra suíço, não podemos viver sem símbolos.

> A pessoa humana precisa de vida simbólica. E precisa com urgência. Nós só vivemos coisas banais, comuns, racionais ou irracionais – que naturalmente também estão dentro do campo de interesse do racionalismo, caso contrário não poderíamos chamá-los irracionais. Mas não temos vida simbólica. Onde vivemos simbolicamente? Em parte alguma, exceto onde participamos do ritual da vida. Mas quem de muitos de nós participa do ritual da vida? Muitos poucos. E quando se olha para a vida ritual da Igreja protestante ela é quase nula. Até mesmo a comunhão foi racionalizada. Falo isso do ponto de vista suíço: na Igreja suíça de tradição zwingliana, a sagrada comunhão não é uma comunhão, mas um memorial. Também não há missa, não há confissão, não há ritual nem vida simbólica.[9]

Para Jung, o distanciamento da vida simbólica deixava as pessoas mais vulneráveis às neuroses: "Estas coisas entram fundo e não é de admirar que as pessoas fiquem neuróticas. A vida é racional demais, não há existência simbólica em que sou outra coisa, em que desempenho um papel, o meu papel, como um ator no drama divino da vida."[10]

A saída, como já vimos acima, mas que vale a pena retomar neste novo contexto, seria transcender (superar) o estado em que pendemos para a unilateralidade do racionalismo. Ou, dito de forma inversa, precisamos voltar a viver situações em que nosso inconsciente possa, através de seus símbolos, dar vasão a sentimentos, emoções, pressentimentos, sensações e intuições.

> Frente a este plano de fundo, os símbolos podem ser compreendidos como objetos que dão suporte a essa função transcendental, na medida em que, enquanto "mensageiros" do inconsciente, carregados de energia, não apenas transportam para a consciência conteúdos desconhecidos, mas, em virtude

> de sua sobrecarga de libido, proveem numa conscientização e integração desses conteúdos. Nesse contexto, a transcendência não deve ser compreendida como um fenômeno sobrenatural ou suprassensível em sentido filosófico, mas refere-se simplesmente a uma função psíquica no sistema dinâmico entre inconsciente e consciente. Possibilita o 'transporte' de conteúdo do campo de atuação arquetípico do inconsciente coletivo para o consciente e para isso serve-se dos símbolos. Com isso, a função transcendente exerce uma função de mediação entre os contrapostos que surgem dos conteúdos inconscientes e das representações conscientes. Ali ela ajuda no desnível de energia que surge dessa contraposição.[11]

Claro, transcender é se colocar acima das unilateralidades. Não basta fugir do racionalismo para mergulhar no irracionalismo. Na verdade, é preciso que consciente e inconsciente, com suas respectivas funções e expressões, estejam devidamente equilibrados. Se não for assim, corremos o risco da enantiodromia, a volta ao sentido contrário ao que seguíamos. E isto também não é interessante. Agora, finalmente, podemos passar à exposição propriamente dos símbolos de Cristo e do Diabo.

(1) Vou começar com o símbolo de Cristo. Primeiro vou mencionar algumas passagens dos Atos Apócrifos que fazem menção à pessoa de Jesus. Depois procurarei contextualizar minimamente cada livro de onde a citação foi retirada. À medida que eu for abordando as referências das fontes primárias que separei, já começarei a fazer um cruzamento com os escritos de Jung sobre o mesmo assunto. Quando esgotar a análise sobre o símbolo de Cristo, passarei ao Diabo e procederei com este emblema da mesma forma que o fiz com o primeiro, sempre me abstendo de introduzir as fontes que já tiverem sido apresentadas anteriormente.

As primeiras passagens sobre Jesus que quero trazer para análise se encontram nos Atos de João. Piñero e Cerro dizem, inicialmente, que estes foram compostos no fim do século II d.C.[12], mas, mais adiante afirmam que a sua época de composição poderia ser a década de 160 d.C., para a parte principal e mais "ortodoxa", enquanto os capítulos que trazem uma teologia que se aproxima do gnosticismo valentiano seriam escritos um pouco depois: "Por conseguinte, devemos situar os Atos de João, que são o modelo dos de Pedro, em 160 d.C. mais ou menos. A teologia original dos Atos de João, seu valentianismo não rígido, seu encratismo talvez moderado e seu modalismo doceta são apoios para esta datação."[13]

Os autores mencionados acham que a intenção do autor dos Atos de João poderia ter sido a de elaborar uma obra não polêmica, de caráter propagandístico e que poderia entreter e instruir, de forma agradável, ouvintes de tipo médio. O elemento novelesco se destacaria nos relatos, que possuem um tom erótico e amoroso. O responsável pela redação de Atos de João é desconhecido, mas pode ter sido alguém com uma cuidadosa formação retórica.[14]

Piñero e Cerro acham difícil classificar os Atos de João, de um ponto de vista literário, todavia percebem nele uma educação literária um tanto quanto elaborada. Haveria uma estreita relação entre Atos de João e a Bíblia, especialmente com o Novo Testamento.[15] O texto dos pesquisadores e editores dos Atos Apócrifos faz uma interessante análise do conteúdo doutrinal de Atos de João, com especial atenção para as relações existentes entre este texto e o gnosticismo valentiano.[16] Além disso, os autores fazem uma síntese muito interessante do sistema de crenças do gnosticismo e indicam que no Livro I de "Contra os hereges", de Irineu de Lyon, há uma exposição do gnosticismo valentiano.[17] Acrescentam que o autor (ou autores) presumido dos Atos de João não é totalmente gnóstico, mas também não se apresenta como um católico ortodoxo ou inserido no catolicismo eclesiástico.[18]

Outro fato que precisamos mencionar é que a identidade do autor empírico de Atos de João é desconhecida, assim como a de um possível redator final do texto. Os eruditos espanhóis apresentam um debate sobre a localidade de composição de Atos de João. Dizem que poderia ser a Ásia Menor, o Egito ou Síria, e pensam que esta última é a mais provável.[19]

Tendo analisado tantos dados introdutórios, podemos, finalmente, passar aos textos. E a primeira cena apresenta um círculo formado pelos discípulos de Jesus e ele se colocando ao centro:

> Antes de cair nas mãos dos ímpios judeus, governados por uma serpente sem lei, reuniu todos nós e nos disse: "Antes que eu seja entregue a estes, entoemos um hino ao Pai, e saiamos em direção ao que me espera." Ordenou-nos, pois, formar um círculo, e que déssemos as mãos entre nós. Colocando-se no meio disse: "Respondam-me com o amém".
> Começou então a entoar o seguinte hino:
> Glória a ti, Pai.
> Nós o rodeamos em círculo e lhe respondemos: Amém. [...].
> (Atos de João 94:1,2).[20]

Separei esta passagem não apenas por falar da pessoa de Jesus, mas porque ele é descrito como alguém que tomou a iniciativa de formar um círculo e se colocar no meio. A Psicologia de Jung nos informa, primeiro, que Jesus é um dos símbolos sobre os quais a nossa cultura projeta o arquétipo do Si-mesmo e, também, que este é majoritariamente representado através da mandala.

As mandalas são desenhos geométricos, simétricos, quase sempre redondos, algumas poucas vezes quadrados ou triangulares e que nos apresentam uma espécie de raio x de nosso Si-mesmo. O próprio Jung tinha por hábito pintar mandalas como forma de autoconhecimento e como maneira de documentar seu Si-mesmo em diferentes momentos de sua vida. Os desenhos por ele realizados ao longo dos anos estão registrados, junto com algumas reflexões ou explicações, no seu "Livro vermelho".

Vou me ocupar em demonstrar, a seguir, a partir de citações do psiquiatra suíço as afirmações que fiz nos dois parágrafos anteriores. Começarei com a tese de que Jesus é um arquétipo:

> O verdadeiro homem Jesus havia desaparecido precocemente, por detrás das emoções e projeções do seu círculo imediato e, posteriormente, do mais amplo daqueles que o conheceram: foi logo quase inteiramente assimilado pelos "sistemas de disponibilidade" e, como consequência, tornou-se a sua expressão arquetípica. Transformou-se na figura esperada pelo inconsciente de seus contemporâneos. Por isso é inútil querer saber quem era e como era Ele em sua realidade concreta.[21]

Acho interessante o seu debate sobre a historicidade de Jesus. Imagino que Jung achava a contenda sobre quem foi "realmente" Jesus um fato irrelevante, uma vez que seus contemporâneos projetaram sobre ele as expectativas que tinham no seu inconsciente de que ele era um arquétipo do Si-mesmo. Se discutíssemos com as pessoas do passado, dizendo que o retrato que pintavam de Cristo não era razoável, elas provavelmente ficariam irritadas ou escandalizadas com nossas afirmações.

Quem questiona um símbolo arquetípico, não toca apenas em um conceito ou ideia, mas está se intrometendo com fatos que têm uma densidade afetiva muito intensa e, portanto, pode provocar reações severas e irracionais. Experimentei muitas vezes a ira alheia nos anos em que trabalhei como professor em faculdades de teologia e teimava em discutir dogmas e símbolos estabelecidos há séculos. A reação dos meus debatedores era quase sempre a mesma: hostilidade e indignação!

Cristo incorpora um arquétipo bem específico, o da totalidade, que acima foram denominados de Si-mesmo: "Acho que estas poucas referências universalmente conhecidas são suficientes para caracterizar a posição psicológica do símbolo de Cristo. *Cristo elucida o arquétipo do si-mesmo*. Representa uma totalidade de natureza divina ou celeste, um homem transfigurado, um Filho de Deus *sine macula peccati*, que não foi manchado pelo pecado."[22]

Ele é Deus (inconsciente) e ser humano (consciente) ao mesmo tempo: "Foi este arquétipo que respondeu à 'mensagem' de cada alma, de modo que o Rabi Jesus concreto foi assimilado, num brevíssimo espaço de tempo, pelo arquétipo constelado. Cristo atualizou, portanto, a ideia do si-mesmo."[23]

É preciso ressaltar, todavia, que Jung via no símbolo de Cristo, como aspirante a concretizar e atualizar o arquétipo do Si-mesmo, como um problema. No cristianismo contemporâneo ocidental, Jesus incorporou apenas a dimensão luminosa. As mentes dos seguidores do Messias atuais excluíram todas as alusões à sua sombra, então a insígnia ficou por demais numinosa e nada obscura, deixando de ser uma representação fiel da totalidade da vida intrapsíquica das pessoas.

> Psicologicamente o si-mesmo foi definido como a totalidade psíquica do homem. Tudo aquilo que o homem supõe constituir, de per si, uma totalidade mais ampla, pode tornar-se símbolo do si-mesmo. Por isso o símbolo do si-mesmo jamais possui a totalidade exigida pela definição psicológica, mesmo a figura de Cristo, pois falta a esta o lado noturno da natureza psíquica, a escuridão do espírito e do pecado. Mas sem a integração do mal não existe a totalidade, da mesma forma que ela não pode "ser introduzida à força na mistura".[24]

Se entendo o paradoxo, Jung está dizendo que Cristo é um símbolo do Si-mesmo, da totalidade, mas que na atualidade esta representação sofreu algumas avarias porque foi transformada em algo apenas reluzente. Isso seria fruto de um processo de intervenção da mentalidade racionalista dos teólogos ocidentais, que foram os responsáveis pelo processo de depuração da dimensão sombria de Cristo, que persistia nos textos antigos, sobretudo nos que eram provenientes dos círculos gnósticos ou platônicos.

Ele achava que do mesmo problema padecia a doutrina da Trindade. Ele pensava que a alegoria que representa o Todo é quase sempre expressa de forma natural a partir de uma quaternidade e não de uma tríade. A projeção de uma Tri-unidade divina, para ele, era fruto de um processo artificial, proveniente da intervenção do racionalismo que excluiu a dimensão sombria na representação cristã de Deus. Seria muito mais lógico, de um ponto de vista natural, que o Diabo, como representante das trevas, fosse um quarto elemento, adicionado à Trindade.

> A quaternidade é um arquétipo que se encontra, por assim dizer, em toda parte e em todos os tempos. É um pressuposto lógico de todo e qualquer *julgamento de totalidade*. Quando se quiser pronunciar um julgamento desta espécie, ele deverá ter quatro aspectos. Por exemplo: para designar a totalidade do horizonte, devemos mencionar os quatro pontos cardeais. A tríade é um esquema ordenador *artificial*, e não natural. Por isso trata-se sempre de quatro elementos, de quatro qualidades primitivas, de quatro cores, de quatro castas na Índia, de quatro caminhos (no sentido de evolução espiritual) no Budismo. Por esta razão há também quatro aspectos psicológicos de orientação psíquica, além das quais nada de fundamental se pode dizer.[25]

Sem uma representação sombria da pessoa de Deus, a totalidade ficou comprometida porque não há algo que possa fazer jus às nossas pulsões para o mal. Assim, o retrato fica deficiente e nos coloca sob o risco de negarmos que em nós exista alguma forma de maldade, o que para Jung é um problema psicológico severo, pois quem recusa a realidade do mal, corre o risco de ser assaltado por ela de forma súbita e inconsciente. Parece que essa ideia foi bem reproduzida na literatura através da conhecida narrativa de "O médico e o monstro".

Além disso, Jung foi um contundente crítico da doutrina católica denominada de "privatio boni", segundo a qual o bem é um ser, portanto existe, enquanto o mal é um não-ser, ou apenas uma privação ou ausência do bem e, então, não poderia existir.

> Onde então este [o Mal] ficou? O pensamento cristão responde a esta pergunta, explicando que o Mal é uma *privatio boni* (a privação de um bem). Esta fórmula clássica nega que o Mal tenha existência absoluta, e o transforma em sombra que goza somente de uma existência relativa e dependente da luz. Ao Bem, pelo contrário, atribui existência e caráter positivos. A experiência psicológica nos mostra que o "Bem" e o "Mal"' constituem o par de contrários do chamado julgamento moral e que enquanto tal tem sua origem no próprio homem. Como sabemos, só se pode emitir um julgamento quando é possível o seu oposto em termos de conteúdo. A um Mal aparente só se pode contrapor um Bem igualmente aparente, e um Mal não substancial só pode ser anulado por um Bem igualmente não substancial. [...] Dizer que o Mal é mera *privatio boni* nada mais é do que negar a antinomia Bem-Mal. Como se poderia falar de um "bem", se não existisse igualmente um "mal"?[26]

Voltemos agora à ideia de que o círculo formado por Jesus, com ele ao centro, seja uma representação da totalidade, que, por sua vez, forma uma mandala: "Como *Logos*, Filho do Pai, *Rex gloriae* (Rei da Glória), *Judex mundi* (Juiz do mundo), *Redemptor et Salvator* [Redentor e Salvador], Jesus é o próprio Deus, uma *totalidade universal*, expressa iconograficamente, como a própria definição da divindade, pelo círculo, o *mandala*."[27]

Em outra passagem ele nos oferece mais dados sobre a relação entre Cristo e sua representação através da mandala. Parece até que ele está falando da passagem que citamos dos Atos de João, em que Jesus ocupa exatamente o centro do círculo ou mandala:

> Por que motivo – perguntará o leitor – falo aqui de Cristo e de sua parte contrária? Falamos necessariamente de Cristo, porque Ele é o mito ainda vivo de nossa civilização. É o herói de nossa cultura, o qual, sem detrimento de sua existência histórica, encarna o mito do homem primordial (*Urmensch*), do Adão místico. É Ele quem ocupa o centro do mandala

> cristão; é o Senhor do Tetramorfo, isto é, dos símbolos dos quatro evangelistas que significam as quatro colunas de seu tempo. Ele está dentro de nós e nós estamos nele. Seu Reino é a pérola preciosa, o tesouro escondido no campo, o pequeno grão de mostarda que se transforma na grande árvore; é a cidade celeste. Do mesmo modo que Cristo, assim também o seu reino está dentro de nós.[28]

Se quisermos entender um pouco melhor como Jung concebia a mandala precisamos olhar atentamente à citação abaixo. No trecho ele reitera que ela é um importante monumento do Si-mesmo, e acrescenta, como já afirmamos acima, que ele mesmo desenhava mandalas como estratégia de autoconhecimento.

> Só pouco a pouco compreendi o que significa propriamente a mandala: "Formação – Transformação, eis a atividade eterna do eterno sentido". A mandala exprime o si mesmo, a totalidade da personalidade que, se tudo está bem, é harmoniosa, mas que não permite o autoengano. Meus desenhos de mandalas eram criptogramas que me eram diariamente comunicados acerca do estado de meu "Si Mesmo". Eu podia ver como meu "Si Mesmo", isto é, minha totalidade, estava em ação. É verdade que inicialmente só podia compreender tal processo intuitivamente; entretanto os desenhos já me pareciam possuir o mais alto significado e eu os guardava como pérolas raras. Tinha o claro pressentimento de algo de central e, com o tempo, adquiri uma representação viva do Si Mesmo. Ele me aparecia como a mônada que sou e que é o meu mundo. A mandala representa esta mônada e corresponde à natureza microcósmica da alma.[29]

Vamos, agora, a outro texto dos Atos de João. A passagem é toda interessante, mas, do meu ponto de vista, salta aos olhos o fato do apóstolo declarar que ele foi *iluminado* por Jesus. Que ele queria dizer com isso? Que Jesus irradiava luz, por isso ele foi iluminado? Ou que, ao se defrontar com Jesus em uma situação-limite, João teve a experiência de iluminação, como, por exemplo, a que Buda teve?

> Amadíssimos, depois desta dança conosco, o Senhor saiu. Mas nós, como vagabundos e sonolentos, corremos cada um para o seu lado. Eu, com efeito, vendo-o padecer, não pude aguentar seu sofrimento, então corri para o Monte das Oliveiras, chorando pelo que acontecia. E quando chegou a sexta-feira quando ele seria pendurado, na hora sexta do dia, trevas caíram sobre toda a terra. Mas o Senhor, estando em pé no meio da caverna e me iluminando, me disse: "João, ali embaixo, em Jerusalém, sou crucificado pela multidão, me atravessam com lanças e juncos, e me dão de beber vinagre e fel. A você falo, e ouve o que digo. Eu mesmo lhe sugeri subir a esta montanha para que ouça o que deve aprender um discípulo de seu mestre, e um ser humano de seu Deus." (Atos de João 97:1,2).[30]

Confesso que não tenho ainda respostas para as questões que elaborei acima. De qualquer forma, o tema da luz cabe bem como representação de Deus, assim como para aquelas que são suas seguidoras e serve com um interessante contraste para com o mundo das trevas e seus respectivos adeptos.

> O "símbolo de Cristo" é da maior importância para a psicologia, porquanto constitui, ao lado de Buda, talvez o símbolo mais desenvolvido e diferenciado do si-mesmo. Isto pode ser avaliado pela amplitude e pelo conteúdo dos predicados atribuídos a Cristo, que correspondem à fenomenologia psicológica do si-mesmo de um modo incomum, apesar de não incluir todos os aspectos deste arquétipo.[31]

Como se pode notar, a aproximação entre Jesus e Buda, que está presente na pergunta para a qual ainda não tenho réplica, não é fora de lógica, ao menos a partir de uma perspectiva junguiana. Tanto um, como o outro, podem servir como símbolos da luminosidade, uma vez que são alegorias com séculos de desenvolvimento, certamente com predomínio de Jesus no ocidente, enquanto Buda reina no oriente.

> Sou incapaz de imaginar algo que ultrapasse o si-mesmo, pois este – por definição – já é um conceito-limite que representa a totalidade desconhecida do homem. Não há razão para se chamar ou não chamar o além-si-mesmo de Cristo, Buda, Purusha, Tao, Chidr ou Tifereth. Todos esses termos são formulações fáceis de reconhecer daquilo que eu chamo de si-mesmo. Além do mais tenho certa aversão a um nome especial, pois meus semelhantes são tão bons e tão corretos quanto eu. Por que deveria valer menos do que o meu o nome que eles dão?[32]

Em outro texto dos Atos de João o tema da abundância da luz aparece de novo, mas desta vez é a cruz que irradia todo o seu brilho. Certamente, o madeiro no qual o Messias foi executado, é tomado no texto como uma metáfora que designa a pessoa de Jesus. Tanto é, que na sequência a passagem dispara uma série de qualificativos ou atributos do Mestre.

> Depois de me dizer isto, me mostrou uma cruz brilhante, bem fixada, e ao redor dela uma grande multidão, que não tinha uma forma única. Mas na cruz havia uma única imagem e uma figura semelhante. Por cima dela vi ao Senhor, sem imagem, somente com voz, mas não aquela a que estávamos acostumados, e sim outra, doce, gentil e verdadeiramente divina, que me dizia: João, é necessário que um ouça de mim estas coisas. Preciso de um que me escute. Por sua causa a cruz brilhante é chamada por mim algumas vezes de Verbo; outras, mente; outras, Jesus; outras, Cristo, porta, caminho, pão, semente, ressurreição, Filho, Pai, Espírito, vida, verdade, fé, e outras, graça. Assim se chama em consideração aos seres humanos. Na realidade, todavia, o que é em si mesma, por si mas expressa por vocês, é a delimitação do Todo, a firme elevação de todo que é estável a partir do que é instável, e a harmonia da Sabedoria. E

> uma vez que a Sabedoria está em harmonia existem destros e sinistros, potestades, soberanias, principados, demônios, forças, ameaças, fúrias, calúnias, Satanás, a raiz inferior da que nasceu da natureza do que foi criado. (Atos de João 98:1-3).[33]

A profusão de designações dirigidas a Jesus a fim de demonstrar a sua luminosidade e numinosidade, é contrastada com o mundo das trevas, povoado por potestades, soberanias, principados, demônios, forças, ameaças, fúrias, calúnias e, enfim, pelo próprio Satanás. Outro fato que chama a atenção é a oposição entre direito e esquerdo (sinistro).

> Embora, indubitavelmente, os atributos de Cristo (consubstancialidade com o Pai, coeternidade, filiação, *parthenogenesis* [nascimento virginal], crucifixão, o Cordeiro oferecido em sacrifício entre os opostos, um só repartido entre muitos etc) no-lo mostrem como uma encarnação do si-mesmo, contudo contemplado de um ponto de vista psicológico. Ele corresponde apenas a uma das metades do arquétipo em consideração. A outra metade se manifesta no Anticristo. Este último ilustra igualmente o si-mesmo, mas é constituído pelo seu aspecto tenebroso.[34]

Parece que os Atos de João possuem importantes relações com os círculos gnósticos ou platônicos, onde uma visão dualista de mundo era, talvez, mais intensa que nos meios cristãos que formaram a Grande Igreja. Por isso, tinham mais sensibilidade para perceber o excesso de luminosidade e bondade do símbolo Jesus e vissem a necessidade de que este fosse complementado pelo seu oposto, de modo que pudesse produzir uma totalidade perfeita, incorporando o bem e o mal na sua representação, como perfeitamente percebeu Jung.

> A ideia de uma quaternidade dos princípios divinos foi combatido com a maior veemência pelos santos padres, quando se tentou, por exemplo, adicionar a *essência* de Deus como quarto elemento às três pessoas divinas. Esta cerrada oposição

> é tanto mais estranha, quando se sabe que o símbolo central do Cristianismo, a *Cruz*, é evidentemente uma quaternidade.[35]

O símbolo da cruz, presente no texto de Atos de João, também pode ser visto como um substituto de Cristo, uma vez que é uma Quaternidade e, assim, uma representação mais adequada do Todo do que a própria Trindade, conforme já assinalamos acima, quando de citarmos a posição de Jung a respeito.

Vamos avançar na nossa análise e, para isso, olharemos para outros Atos Apócrifos, embora ainda permaneçamos na discussão do símbolo Cristo. Assim, apresento algumas palavras iniciais sobre os Atos de Paulo para, em seguida, citar um trecho desta obra para debatermos o modo como Jesus é nele representado.

Dissemos acima que os Atos apócrifos teriam sido escritos nessa ordem cronológica: André, João, Pedro, Paulo e Tomé. André seria o texto mais antigo e Tomé o mais recente da primeira geração. Assim, o livro que nos interessa agora, os Atos de Paulo, teria sido o penúltimo. Devo ressaltar que as datas não são absolutas, apenas estimadas com base em um longo debate. Com um pouco mais de precisão, os mesmos autores, agora no segundo volume, dizem que o texto poderia ser datado no final do século II, mais provavelmente entre 185 e 195 d.C.[36]

A mesma data é confirmada por R. Trevijano: "Não somente pelo testemunho de Tertuliano, mas pela mesma obra, se deduz que seu lugar de origem foi a Ásia Menor. Por sua dependência em relação aos AtPe [Atos de Pedro], podemos situar a época de composição entre os anos 185 e 195."[37]

Com uma pequena variação, D. Marguerat e W. Rebell ratificam o fim do segundo século como o contexto dos Atos de Paulo:

> Quanto à datação, o tratado *Sobre o batismo* [de Tertuliano, que faz alusão aos Atos de Paulo] foi escrito entre 198 e 206. Os *Atos de Paulo* nasceram antes dele, e como talvez sejam dependentes dos *Atos de Pedro* (o fato, porém, é contestado) situamos sua redação num período que vai de 180 a 195. Eles descortinam

> diante de nós a devoção de um cristianismo popular do fim do século II.[38]

O dado adicional dos autores, que salta aos olhos na citação, é a relação que fazem entre o escrito e o cristianismo popular do fim do século II d.C. Talvez essa associação se deva ao fato de o texto colocar em um grande bloco literário uma mulher como protagonista, Tecla, além de mencionar a atividade intensa de outras personagens secundárias de sexo feminino. A perspectiva que dá destaque às mulheres certamente rivaliza com círculos ortodoxos que estavam em vias de dar origem à Grande Igreja, que estavam tratando de expurgar de sua hierarquia as descendentes de Eva. Além disso, Tecla era uma mulher "autorizada" por Paulo a ensinar e que batizou a si mesma em um episódio em que estava na arena para ser executada como ameaça por seus contemporâneos e se defrontou com água suficiente para receber o "selo" que imprimia a identidade cristã. Tendo visto a oportunidade, não hesitou em ser autora e destinatária do batismo, fato que teria deixado o Pai da Igreja Tertuliano indignado.

Para terminar as questões iniciais, tenho que mencionar o aspecto heterogêneo do conjunto literário denominado de Atos de Paulo.

> Em seu estado atual, o texto se compõe de três partes, relativamente independentes uma da outra. A primeira contém a história de Paulo e Tecla; a segunda apresenta a correspondência de Paulo com os coríntios, também chamada de *Terceira carta aos coríntios*; a última parte é consagrada ao martírio de Paulo. Reunidas, essas três sequências articulam-se como um longo itinerário de uma viagem que leva o apóstolo de Damasco a Roma, passando por Jerusalém, Antioquia, Icônio, Sidônia, Tiro, Éfeso, Filipos, Corinto e outras paradas ainda.[39]

O texto possui várias lacunas e também deixa evidências de ter sido uma compilação de fontes distintas, como se pode notar pela citação acima. Há três grandes blocos literários: um dedicado a Paulo e Tecla, quando a personagem feminina chega a suplantar o apóstolo no protagonismo das ações; outro conjunto que reúne a correspondência de Paulo com a igreja de Corinto, sendo considerada uma terceira epístola aos gregos; por fim, outro bloco literário heterogêneo que compila tradições sobre o martírio de Paulo.

Temos agora um relato sobre o corpo de Jesus que não está limitado pela morte. Mesmo após sua execução, já dentro da tradição canônica, Jesus não cessou sua atuação. Ele apareceu redivivo diante de muitos de seus seguidores e, também, a Paulo em uma visão que fez com que deixasse de ser um perseguidor para se tornar um ferrenho adepto do cristianismo. Essa perspectiva presente nas Cartas Paulinas e nos Atos dos Apóstolos (Canônicos) teve continuidade nos Atos Apócrifos.

> Quando Paulo embarcou em meio às orações dos irmãos, se fazia presente Artemão, o capitão da embarcação. Ele havia sido batizado por Pedro e saudou Paulo, alegre pelo fato do Senhor haver confiado que embarcasse com ele.
> Depois da embarcação partir, Artemão com Paulo louvavam ao Senhor Jesus Cristo pela graça de Deus que havia preparado tudo previamente para o apóstolo. Quando se encontraram em alto mar com o vento calmo, Paulo dormiu, fatigado pelas muitas vigílias e jejuns junto com os irmãos. O Senhor veio até Paulo caminhado sobre o mar, moveu-o um pouco e lhe disse:
> - Levante-se e olhe.
> Paulo despertou e disse:
> - Tu és meu Senhor Jesus Cristo, rei dos céus. Por que estás entristecido e cabisbaixo, Senhor? Se estás com pena de alguém, me dizes, Senhor, pois me preocupa muitíssimo vê-lo assim.
> O Senhor disse a Paulo:
> - Paulo, vou ser crucificado de novo.
> Replicou o apóstolo:
> - Que tal coisa não ocorra diante de meus olhos!
> O Senhor, porém, acrescentou:
> - Paulo, levante-se, vai a Roma e exorta aos irmãos, que permaneçam na vocação do Pai.

> E o Senhor seguiu manifestando-se, e os conduzia adiante, caminhando sobre as águas, e lhes mostrava a rota como uma estrela. Quando acabou a navegação, Paulo desembarcou com o rosto totalmente entristecido. (Atos de Paulo P7:1-35).[40]

Creio que a chave para interpretar a passagem está condicionada ao modo como vemos a frase enigmática de Jesus: "Paulo, vou ser crucificado de novo". Como se trata de um conjunto literário sobre o martírio de Paulo, penso que ela significa que, quando o apóstolo fosse executado em Roma, como de fato os Atos de Paulo dizem ter acontecido, Jesus estaria sendo crucificado de novo.

Se for assim, a narrativa não apenas fala do corpo sem limites de Jesus, que não pôde ser suplantado ou limitado nem mesmo pela morte, mas também aborda a mutação do físico de Paulo. Talvez o autor dos Atos de Paulo estivesse pensando que o apóstolo tivesse alcançado um novo patamar espiritual ao ascender ao *status* de Jesus. Enfim, o apóstolo estava sendo representado como o portador de uma carcaça que transitava entre o mundo dos vivos e dos mortos.

Essa hipótese é reforçada pelo fato de que, depois de sua execução, a pedido de Nero, Paulo retornou para pronunciar o juízo de Deus sobre o imperador romano. Vejamos esse exemplo que está conectado com o anterior:

> E aquele lhe olhou, e enquanto se admirava muitíssimo e estava perplexo, veio Paulo [que já havia sido martirizado] na hora nona quando estavam com o imperador muitos filósofos e o centurião, se colocou diante de todos e disse:
> - César: aqui está Paulo, o soldado de Deus. Não estou morto, mas vivo no meu Deus. Dentro de muitos dias te sobrevirão muitos males e um grande castigo, desgraçado, porque tens vertido sangue de justos.
> E, depois de haver pronunciado essas palavras, Paulo desapareceu do seu lado. Nero, perturbado, ordenou que libertassem aos presos, como Patroclo e aos companheiros de Barsabás. (Atos de Paulo 13:6).[41]

O tema do confronto entre Paulo e Nero é amplamente explorado nos Atos de Paulo. Um grande debate entre os dois é narrado antes do relato sobre o martírio do apóstolo. Alguns pesquisadores importantes acreditam que, de fato, Paulo teria sido executado a pedido de Nero. Lembremos que, de acordo com H. Koester, Nero foi imperador entre os anos de 54 a 68.[42]

Os textos dos Atos de Paulo nos colocam diante do tema do herói. Jesus morreu na cruz, de forma altruísta, e Paulo, como seu seguidor e, assim, também candidato a ter o mesmo destino que o mestre, deveria encarar seu destino.

> A ideia geral de Cristo, o redentor, faz parte daquela concepção pré-cristã, espalhada no mundo inteiro, do herói e salvador que, devorado por um monstro, aparece de novo de forma miraculosa, depois de ter vencido o dragão, ou a baleia, ou coisa semelhante que o devorara. Como, quando e onde surgiu este motivo, ninguém sabe dizer. [...] A figura do herói é uma *imago* típica que existe desde tempos imemoriais. Eu a denomino arquétipo (do grego *arché*, começo), pelo qual entendo uma tendência preexistente do espírito humano de construir representações míticas. Na criação de "représentations mystiques", como as chama Lévy-Bruhl, existe também uma tendência instintiva como na construção do ninho, na migração etc.[43]

Passaremos aos Atos de Tomé, onde também temos uma interessante passagem sobre a pessoa de Cristo. Há uma interdependência entre Atos de Paulo e Atos de Tomé, o primeiro é originário da Ásia Menor e o segundo da Síria, assim a data de ambos deve ser próxima, ou seja, se o primeiro texto foi escrito, provavelmente, entre 185 e 195 d.C. pode-se presumir que o segundo poderia ser composto entre o fim do século II ou início do III.[44]

O espaço geográfico em que a maior parte das ações dos Atos de Tomé se desenvolve é a Índia. O livro diz que Tomé chegou à Índia, prometeu construir um palácio para o rei e revelou seu estilo de vida (Atos de Tomé 19:2)[45], mas diz que o edifício só poderia ser visto na próxima vida e, por isso, o monarca mandou prendê-lo crendo se tratar de um charlatão que estava desviando seu dinheiro (Atos de Tomé 21:1).[46] Mas o irmão do rei morreu e viu, na outra vida, o palácio celestial que Tomé construiu. Como lhe foi concedido retornar ao mundo dos vivos, o irmão do rei pode atestar que Tomé falava a verdade (Atos de Tomé 22:1-3).[47]

Há um trecho interessante em que Tomé conversa com uma serpente, esta lhe revela a sua identidade maligna (Atos de Tomé 31-32)[48] e o apóstolo a exorciza (Atos de Tomé 33:1).[49] Aparece também um jumento falante que se identificou como sendo da estirpe de Balaão, da mesma que serviu a Jesus (Atos de Tomé 39:1-3).[50] Mais adiante, o texto fala de jumentos em adoração a Tomé (Atos de Tomé 70:1)[51] e um deles é retratado expulsando demônios da esposa e da filha do general, tendo Tomé completado o exorcismo (Atos de Tomé 74:1,2).[52]

Os Atos de Tomé também narram o embate entre o apóstolo e um demônio e apenas ele e a endemoniada podiam ver o Diabo (Atos de Tomé 44-45).[53] Por fim, o livro nos brinda com uma visão do inferno (Atos de Tomé 55:1-3).[54] Alguns destes textos que tratam do Mal serão analisados mais adiante, quando falarmos sobre o símbolo do Diabo.

Os Atos de Tomé ainda fala da pessoa de Jesus. Há um interessante hino cristológico (Atos de Tomé 47:1,2)[55], além de uma narrativa sobre o batismo e a eucaristia, com uma oração gnóstica (Atos de Tomé 49-52).[56] A passagem que separei para análise é o longo e belo hino cristológico:

> Logo começou a lhes dizer:
> - Jesus, mistério oculto que nos foi revelado, tu és o que descobres multidão de mistério, que me apartaste de todos os meus companheiros e me disseste três frases com as quais me sinto inflamado, mas não posso contá-las aos outros. Jesus, ser humano, assassinado, morto, enterrado; Jesus, Deus de Deus, salvador que ressuscitas aos mortos e curas aos enfermos; Jesus, necessitado como um pobre e que salvas sem necessidade alguma; tu que pescaste peixes para o dejejum e a comida; tu que saciaste a todos com um pouco de pão; Jesus, que descansaste

> do cansaço do caminho como ser humano e andaste sobre as ondas como Deus;
> - Jesus altíssimo, voz que surge das entranhas mais perfeitas, salvador de todos, mão direita da luz, que derrotas o inimigo através da sua própria natureza, e que reúnes toda sua natureza em um lugar; tu, o polimorfo, o unigênito, o primogênito de muitos irmãos, Deus do Deus altíssimo, ser humano depreciado até agora. Jesus Cristo, tu que não nos descuidas quanto te invocamos; tu, causa para todos de vida humana; julgado por nós e trancado na prisão, mas libertador de todos os encarcerados; tu, chamado sedutor, mas que libertas do erro aos seus, te peço por estes que estão aqui e creem em ti, pois precisam alcançar seu dons, mantendo sua esperança na tua ajuda e recorrendo à tua grandeza como seu refúgio. Mantém atento seus ouvidos para escutar de nós as palavras que lhes dirigimos. Venha sua paz, habita entre eles; e renova-os distanciando-os de suas antigas práticas; desvistam-se do ser humano antigo com suas ações e revistam-se do novo que agora lhes anuncio. (Atos de Tomé 47-48).[57]

Há tantos qualificativos para Jesus que mal podemos digerir o significado de cada um deles. É como se o autor estivesse sob um influxo do inconsciente e deixasse fluir de forma natural toda a carga afetiva que fluía de dentro dele e se projetava sobre o arquétipo do Si-mesmo.

> Não há dúvida de que no universo das concepções cristãs Cristo representa o si-mesmo. Ele possui, como encarnação da individualidade, os atributos da unicidade e da singularidade. Como, porém, o si-mesmo é um conceito transcendente, pelo fato de exprimir a soma dos conteúdos conscientes e inconsciente, ele só pode ser descrito sob a forma de uma antinomia, isto é, os atributos acima mencionados devem ser completados por seus respectivos contrários, para que possam caracterizar devidamente o fato transcendental.[58]

O retrato gnóstico ou platônico de Jesus traçado pelo autor de Atos de Tomé tem bastante abertura para a sua dimensão mais humana, diferentemente do que é pintado pelo que seria a ortodoxia eclesiástica, que tende a enfatizar sua luminosidade. Como pessoa mais próxima à humanidade e, portanto, mais paradoxal, a versão de Tomé de Jesus é mais adequada para representar do Si-mesmo, uma vez que, como arquétipo da totalidade, permite projetar tanto uma imagem da divindade, quanto da psique de um determinado sujeito.

(2) Tendo analisado o símbolo de Cristo, podemos passar agora para o seu opositor, o Diabo. Antes de abordar as fontes primárias, gostaria de mostrar como Jung via especificamente a questão do mal de um ponto de vista da Psicologia.

Temos que retomar o debate em torno do tema da doutrina católica que afirma que Deus é o Sumo Bem e de que o Mal não existe. O problema principal para Jung é que este doutrina coloca o ser humano diante de uma perigosa unilateralidade:

> Nem Deus nem Cristo deveriam ser um paradoxo. Deveriam ser inequívocos, e isto é válido até hoje. Ignorava-se, e parece que ainda se continua a ignorar (com algumas honrosas exceções), que a *hybris* (soberba) do intelecto especulativo já havia induzido os antigos a ousarem uma definição filosófica de Deus, ao obrigá-lo, de certo modo, a assumir o papel de *Summum Bonum*. Um teólogo protestante teve até mesmo a ousadia de dizer que "Deus só *pode* ser bom!" O próprio Javé, por si só, já bastaria para convencê-lo do contrário a este respeito, caso ele mesmo não percebesse sua intrusão intelectual no confronto com a onipotência e liberdade de Deus.[59]

A pessoa que vê o Deus do Antigo Testamento como exclusivamente bom, não está observando bem o que lê. Além de amor e bondade, o Deus veterotestamentário é ciumento e iracundo. Por isso mesmo, seu comportamento pode ser considerado exemplar para os seres humanos que o observam. Mas o racionalismo teológico fez o desfavor de excluir dele toda sua contradição, fazendo com que deixasse de representar adequadamente uma totalidade. A alternativa de Jung à visão teológica sobre o mal é uma perspectiva que leve em consideração a Psicologia:

> A psicologia ignora o que é bom e o que é mau em si mesmo. Ela só conhece estas coisas como juízos de relação: bom é o que parece conveniente, aceitável ou valioso sob um certo ponto de visa; mau é o inverso disto. Se o que chamamos bom é "realmente" bom, então, consequentemente, existe algo de mau, um mal que é "real" para nós. Vemos, portanto, que a psicologia lida com um julgamento mais ou menos subjetivo, isto é, com um contraste psíquico imprescindível para a definição de determinadas relações de valo: bom é o que não é ruis, e ruim o que não é bom. [...] A natureza humana é capaz de uma maldade sem limites e as ações más são tão reais quanto as boas, tão vasto é o campo da experiência humana; o que significa que é de forma espontânea que a alma emite o julgamento decisivo.[60]

Observemos que Jung não quer reformar o dogma cristão. Ele não está se propondo a fazer teologia. Em seus escritos, deixa claro que não tem a pretensão de intervir no campo doutrinário. Ele apenas contesta uma concepção teológica quando pensa estar diante de um conceito que possa ser nocivo à saúde psicológica. E isto é o que pensa estar acontecendo quando um teólogo diz que o mal não é real e que Deus é apenas bondade. Um pouco mais adiante, reitera a sua posição sobre a importância de uma visão do mal a partir da Psicologia:

> Hoje a, como em todas as épocas, é necessário que o homem não feche os olhos para o perigo do mal que está à espreita dentro dele mesmo. Infelizmente este perigo é demasiado real, e por isto a psicologia deve insistir na realidade do mal e refutar qualquer definição que deseje conceber o mal como algo sem importância ou mesmo como não existente.[61]

Agora, sim, podemos olhar as duas primeiras passagens que separei das fontes primárias, e estas foram retiradas dos Atos de André. Por isso, precisamos dar algumas palavras sobre o contexto em que o livro foi escrito.

Para os editores dos Atos de André, trata-se de um texto do ano 150 d.C., escrito em Patras (Acaia), Síria ou Egito. Vejamos como os seus argumentos:

> Se aceitarmos estas semelhanças e por razões de crítica interna postulamos uma prioridade cronológica dos Atos de André, somos obrigados a pôr como término *ad quem* 190 d.C., uma vez que esta é a data aproximada de composição dos Atos de Paulo. Mas, levando em consideração as circunstâncias que temos notado, cremos que a data de origem dos Atos de André poderia girar em torno do ano de 150.[62]

Com um pouco mais de flexibilidade, mas propondo algo que não estaria em conflito com a proposta acima de Piñero e Cerro, Trevijano indica a seguinte datação:

> Se a utilização da obra pelo "Saltério maniqueu" mostra que não pode ser posterior ao século III, o modo pacífico pelo qual o autor mantém posições heterodoxas, sobretudo no campo da cristologia, permite a composição de sua obra entre o ano de 150 e 200, e mais próxima da primeira data do que da segunda.[63]

Se os autores citados estiverem corretos, então estamos diante do mais antigo dentre os Atos Apócrifos. Assim, vamos tomar a data de 150 como a mais provável, sabendo que mais que isso seria querer ir mais longe do que podemos agora.

Há um relato interessante em que André exorciza um demônio que possuía a Alcman, servo de Estratocles, irmão de Egeates, marido de Maximila e pro-cônsul de Acaia:

> E sem demora, se levantou e disse:
> - Oh Deus que não escuta aos magos, oh Deus que não vê aos charlatões, oh Deus que se aparta dos estranhos, oh Deus

> que sempre escuta aos seus, o Deus que põe seus bens à sua disposição, faça com que minha oração se cumpra diante de todos estes em favor do criado de Estratocles, e põe em fuga ao demônio a quem seus semelhantes não puderam expulsar.
> Imediatamente, o demônio, emitindo uma voz humana, disse:
> - Foge, servo de Deus, foge não somente deste jovem, mas de toda a cidade.
> André lhe disse:
> - Não apenas lhe ordeno sair desta cidade, mas também, se em algum lugar houver rastro dos meus irmãos, lhe proíbo que ponha ali o pé.
> Tendo se retirado o demônio, André ofereceu sua mão a Alcman, que se levantou do chão e se pôs a caminhar com ele com sensatez, em plena estabilidade e falando com sentido. Em seguida, olhando para André, deu-lhe boas vindas e perguntava para seu amo por que havia tanta gente ali dentro. Ele lhe respondeu:
> - É preciso que nenhum dos estranhos ouça. Para nós basta ter visto o que vimos através de você. (Atos de André 5:1,2).[64]

O que vemos na narrativa é uma "prova" da autoridade apostólica de André, que é demonstrada sobre sua ascendência sobre os poderes sobrenaturais das trevas. Ele não somente expulsou o demônio que possuía o corpo do homem, mas também proibiu que aquele incomodasse qualquer outra pessoa que fosse da comunidade cristã.

Sobre a temática da possessão, há algumas palavras interessantes de Jung, estabelecidas a partir de um verbete que redigiu para definir o que seria o fenômeno do "demonismo":

> Demonismo (demonomania) caracteriza um estado peculiar da mente em que certos conteúdos psíquicos, os chamados complexos, assumem o lugar do eu, ao menos temporariamente, o controle de toda a personalidade, de modo a suspender a vontade livre do eu. Nestes estados a consciência do eu às vezes está presente, outras ausente. O demonismo é um fenô-

> meno psíquico primitivo e, por isso, manifesta-se muitas vezes sob condições primitivas. Encontramos uma boa descrição do demonismo no Novo Testamento (Lucas 4,33; Marcos 1,23; 5,2 etc.). Nem sempre o fenômeno do demonismo é espontâneo; pode ser provocado deliberadamente como transe, por exemplo no xamanismo, espiritismo etc.[65]

Acima já argumentei que a possessão pode ser um fato psicológico inconsciente e, por isso, geralmente, é interpretado pelo sujeito como sendo uma invasão proveniente de um fator externo e não de um complexo que orbita dentro dele mesmo. De qualquer forma, o que importa é que os antigos tendiam a ver muito mais manifestações deste tipo porque viviam muito mais sob influxo do inconsciente do que nós, na atualidade, quando amargamos sob a influência de um cruel racionalismo.

Em outra narrativa, André descreve o poder sobrenatural do batismo sobre as obras das trevas. Devemos lembrar que o "sacramento" era conhecido nos Atos Apócrifos como o "selo" de que uma pessoa "pertencia" a Jesus:

> - Meus filhinhos, se guardarem este sinal do abrigo de outros selos que sinalizam as marcas contrárias, Deus os louvará e os receberá entre os que são seus. Pois, ao parecer esta visão luminosa em suas almas, sobretudo quando estiverem libertas de seus corpos, as forças punitivas, os poderes maus, os arcontes terríveis, os anjos de fogo, os demônios feios e as energias impuras, não suportando sua rejeição, dado que não pertencem ao sinal do selo, que é semelhante à luz, saem correndo e se refugiam no que é conatural: a obscuridade, o fogo, a névoa e qualquer ameaça aparente de castigo. (Atos de André 11:1).[66]

Vemos na narrativa mais uma demonstração de poder, mas, dessa vez, não da parte do apóstolo e sim do "sinal" sagrado que os cristãos primitivos recebiam. Observo no texto uma clara demonstração de crença em poderes mágicos. Se definirmos magia como a crença de que determinados sujeitos teriam para manipular poderes sobrenaturais, então compreenderemos porque André descrevia que o batismo, por si só, seria suficiente para fazer com que os demônios saíssem correndo.

As duas narrativas de André nos mostram como o mal é uma realidade importante, ativa e autônoma. Parece que os antigos podiam intuir este fato com muito mais facilidade. Jung também compreendia que o mal era um fato nada desprezível:

> De qualquer modo, há uma opinião segundo a qual o demônio, embora tenha sido *criado*, é *autônomo e eterno*. Além disso, é o *adversário de Cristo*, que, com a infecção dos primeiros pais pelo pecado original, introduziu a corrupção na criação e tornou necessária a encarnação de Deus como obra da salvação da humanidade. Aqui o diabo agiu livremente e a seu bel-prazer, como no caso de Jó, em que chegou inclusive a convencer Deus. Esta eficácia poderosa do diabo dificilmente se ajusta à existência de sombra, que lhe é atribuída como *privatio boni*, a qual, como já disse, parece um eufemismo. O diabo, como pessoa autônoma e eterna, corresponde mais ao seu papel de adversário de Cristo e à realidade psicológica do Mal.[67]

Passemos agora para os Atos de João, pois nele há também algumas passagens interessantes sobre o símbolo do Diabo. Há uma oração de João em que concebe o "paganismo" como expressão religiosa idolátrica e demoníaca.

> Depois de haver dito estas palavras, rogou assim:
> - Oh Deus, Deus que está acima de todos os que se chamam deuses, desprezado até o dia de hoje na cidade de Éfeso. Tu que me sugeristes a ideia de vir a este lugar, no qual nunca havia pensado; tu que confundes toda idolatria por meio da conversão a Ti; nome diante do qual correm todos os ídolos e demônios, toda potência e natureza imunda. Agora, pondo em fuga o demônio que aqui habita, e que faz errar esta multidão tão numerosa, mostra tua misericórdia neste lugar porque estão equivocados. (Atos de João 41:1,2).[68]

Parece que se tratava de um demônio territorial. João estava em Éfeso e se defrontou como uma série de divindades pagãs. Diante da imundície alheia, o apóstolo apela a Deus que faça com que todos os maus espíritos se retirem da localidade. Estamos diante, mais um vez, do arquétipo da sombra e esta só pode ser experimentada quando é projetada sobre o outro.

Em outro trecho, um rapaz mata seu pai, que o admoestava a não tomar a mulher de um colega de trabalho em "adultério". O jovem, estando possuído por um demônio, mata o pai e deseja por fim à própria vida, quando João o encontra:

> Mas o jovem ao ver uma morte tão rápida e temendo ser detido, segurando a foice que levava em sua cintura, se dirigiu com toda pressa para sua casa. João, saindo ao encontro, lhe disse:
> - Detenha-se, demônio desavergonhadíssimo, e me diga para aonde se dirige, brandindo uma foice sedenta de sangue.
> O Jovem, turbado, atirou por terra o ferro e lhe respondeu:
> - Cometi algo terrível e desumano, e, ao saber que me vão prender, decidi executar em mim mesmo esta ação violenta e cruel: morrer em um instante. Meu pai me aconselhava continuamente a levar uma vida livre de adultério e honorável; mas, não suportando suas censuras, eu o golpeei e matei. Ao ver o ocorrido, me apressava a ir onde estava a mulher pela qual eu havia me convertido em homicida de meu pai. Intentava degolar a ela, seu esposo e a mim mesmo, o último de todos, pois não suportaria que o marido dessa mulher me visse sofrer a pena capital. (Atos de João 49:1-3).[69]

Acima já tive a oportunidade de ressaltar o caráter encratista dos Atos Apócrifos. Diante do desejo veemente de uma necessidade que tem caráter instintivo, cabe ao arquétipo da sombra, uma vez projetado, incorporar a concupiscência.

Diante do propósito de manter uma vida casta, toda sensualidade latente precisa ser sublimada. A ação de reprimir um desejo instintivo do inconsciente só pode ser alcançado mediante um sacrifício muito grande, gerando uma intensa agressividade. O jovem, pendendo para o seu desejo e o vendo obstruído pela figura paterna, libera sua toda carga emotiva de uma vez e mata o seu genitor, em uma cena, ironicamente, edipiana. A consciência, incapaz de se sentir responsável pelo homicídio, lança sobre o Diabo a culpa pelo que fez.

Precisamos analisar também a passagem em que gêmeos possessos são exorcizados e curados por João, a pedido do pai deles, Antipatro, na cidade de Esmirna. Relato apenas a descrição que o pai dos rapazes faz para João, a fim de convencê-lo a lhe ajudar:

> Servo de Deus, tenho ouvido muitas coisas boas e grandes prodígios que realizou em Éfeso. Aqui lhe proponho lhe dar com mil moedas de outro; tenho dois filhos gêmeos que ao nascer foram feridos por um demônio e sofrem até hoje terrivelmente – têm trinta e quatro anos – em um momento caem ambos prostrados, outras vezes se apodera deles o demônio no banho, outras no passeio, muitas vezes à mesa e outras na assembleia da cidade. Você mesmo poderá ver que são homens de boa estatura, mas, são consumidos pela enfermidade que os abate diariamente. Eu lhe suplico que me ajude em minha idade avançada. Pois quando eram crianças sofriam moderadamente, mas agora que são homens, possuem demônios mais enérgicos. Tenha piedade, pois deles e de mim. (Atos de João 56:1-3).[70]

Mais uma situação de possessos. Desta vez é o pai que vai ao apóstolo para clamar pela libertação dos filhos gêmeos. À medida que o tempo vai passando, a situação vai se agravando. Apenas um homem de Deus pode solucionar a situação provocada pelo invasor sombrio. Todas as vezes que nossa sombra se manifesta, nos vemos totalmente impotentes e só nos resta buscar ajuda "divina".

A visão de Jung sobre o assunto é muito interessante. Temos a pretensão de aprender a lidar com a sombra, mas não se trata de como suportamos nosso espectro, mas o que ele faz de nós.

> Pois é um problema que possui diversos aspectos: Gostamos de aparentar ou imaginar que somos capazes de lidar com a sombra ou que o problema consiste em como *nós* lidamos com a sombra. Porém não imaginamos como a sombra lida conosco. [...] Estamos com as mãos atadas. Pois a sombra é um arquétipo e ela age tomando-nos, apoderando-se de nós.[71]

Para finalizar, vamos analisar algumas passagens dos Atos de Tomé sobre o Diabo. O primeiro relato fala de um embate entre Tomé e um demônio e apenas o apóstolo e a endemoniada podem ver o Diabo:

> Respondeu o apóstolo:
> - Oh malícia indomável! Oh falta de vergonha do inimigo! Oh ciumento que jamais descansa! Oh infame que subjuga aos belos! Oh polimorfo que se mostra como deseja, pois não pode mudar sua natureza! Oh você que procede do enganador e infiel! Oh árvore amarga, cujos frutos são semelhantes a ela! Oh você que procede do diabo que luta a favor dos estranhos! Oh você que procede do erro acostumado à falta de vergonha! Oh você que procede da maldade rastejante, como a serpente de quem é parente!
> Quando o apóstolo pronunciou estas palavras, veio o inimigo e se colocou diante dele – ainda que ninguém pudesse vê-lo, exceto a mulher e o apóstolo – bradou diante dos ouvidos de todos [...]. (Atos de Tomé 44:1,2).[72]

Todo o refugo da vida intrapsíquica vai sendo projetado sobre o arquétipo da sombra: malícia indomável, falta de vergonha, ciumento, infame, polimorfo, enganador, infiel, árvore amarga, que procede do erro, que procede da maldade rastejante etc. Tudo aquilo que não estamos dispostos a admitir que somos é lançado na conta do Diabo. Há uma anedota de que uma vez o Diabo foi encontrado chorando em pleno Viaduto do Chá, local movimentadíssimo da cidade de São Paulo, e lhe perguntaram o que lhe havia sucedido, ao respondeu: "tudo eu... tudo eu!"

A mulher que acima se apresentava endemoninhada, foi liberta por Tomé. Enquanto esteve sob domínio do Diabo, fez uma visita ao inferno e conta como as coisas estavam por lá.

> O apóstolo lhe respondeu:
> - Conta para nós sobre onde esteve.
> Ela disse:
> - Você, que estava comigo, a quem fui entregue, quer ouvir?
> E começou a contar assim:
> - Fui recebida por um certo homem, muito feio de aparência, totalmente negro, e com vestes totalmente sujas. Ele me conduziu a um certo lugar em que havia muitas fissuras e um péssimo odor, de onde saíam exalações terríveis. Ele me fez olhar dentro de cada uma das fissuras. Vi na primeira um fogo ardente e rodas de fogo que davam voltas de fogo por ali. Diversas rodas estavam atadas àquelas rodas, que se chocavam entre si. Altos gritos e gemidos ressoavam naquele lugar e não havia ninguém que livrasse aos condenados. Então, aquele homem me disse: 'Estas almas são congêneres suas, e no dia da prestação de contas, foram entregues para serem castigadas e destruídas. E quando isto ocorre, trazem outras em lugar das primeiras, e semelhantemente, logo outras em lugar das anteriores. Estas almas são as que perverteram a união entre um homem e uma mulher'. E olhando para baixo, vi crianças recém-nascidas amontoadas umas às outras, que lutavam entre si, perseguindo-se mutuamente. Disse-me: "Estes são seus filhos, e por ele foram colocados aqui para que dessem testemunhos contra eles". (Atos de Tomé 55:1-3).[73]

A descrição do "lugar" é tenebrosa. O seu anfitrião é um homem feio e negro. O lugar é fétido. As pessoas que lá se encontram estão padecendo de duras penas. Até mesmo as criancinhas estão amontoadas, umas sobre as outras, em função das irresponsabilidades de seus pais. Tudo tem como causa primeira a cobiça sexual. Mais uma vez, o instinto sublimado leva o ser humano a pagar um alto preço e todo valor é debitado nas finanças do Pai de Mentira.

Há outro relato curioso que diz que um jumento expulsa os demônios da esposa e da filha de um general e Tomé completou o exorcismo. Confesso que é primeira vez que ouço falar de jumento exorcista. Ele fala e usa muito bem suas qualidades, pois, publicamente, elenca as qualidades de Jesus e apresenta as ciladas que o Diabo oferece.

> Entrou, pois, o jumento acompanhado da multidão de pessoas e disse assim:
> - Falo a vocês, inimigos de Jesus, o chamado Cristo; falo a vocês, que cerram os olhos para não ver a luz, pois não pode uma péssima natureza ser transformada pelo bem; falo a vocês, filhos do inferno e da perdição, daquele que não cessa de fazer o mal até agora, que renova sempre suas ações e o que convém à sua essência; falo a vocês, que são sem-vergonhas, que destroem a si mesmos. Não sei o que dizer sobre sua destruição e seu final, nem o que aconselhar, pois são muitas coisas, tantas para escutar. Mas suas ações são maiores que os castigos que estão reservados a elas. Falo a você, demônio, e a você filho que lhe segue, pois agora foi enviado contra vocês. Mas porque motivo vou empregar muitas palavras sobre a sua natureza e condição, que vocês conhecem e com as quais lhes causa vergonha? A vocês disse Tomé Judas, o apóstolo de Jesus Cristo, enviado aqui pelo abundante amor e boa disposição dele. Saiam diante de toda esta multidão e diremos de que raça são. (Atos de Tomé 74:1-3).[74]

Gostaria de encerrar este tópico falando sobre os riscos que existem para aqueles que negligenciam a realidade do Mal, assim como gostaria de avaliar a importância que este tem na vida psicológica de qualquer pessoa. Vou fazer isso, claro, a partir de Jung, mais uma vez.

O psiquiatra suíço, em seus textos, já chamava a atenção para os perigos da exclusão do mal e da Sombra no cristianismo. O principal risco é que, se o mal não fosse real, Deus também não o poderia ser.

> Atualmente encontramo-nos sob a influência do desenvolvimento medieval do cristianismo. Agora estamos acostumados a pensar desse modo cristão. Isto é, no estilo do "summum bonum" e "Deus é apenas o bem", "Deus não é paradoxal, todo mal é da ordem da sombra e nem possui de fato uma substância". É apenas uma ausência do "bem". Não refletimos a respeito, pois caso o fizéssemos deveríamos saber: Se o mal não existe, se o mal não é, então também o bem não existe.[75]

Pala ilustrar de forma prática as implicações de se negar o mal, Jung menciona história de um homem santo que ele certa vez visitou. Para sua surpresa, toda pureza servia apenas para camuflar o pecador que habitava nas profundezas de seu inconsciente e se manifestava aleatoriamente, personalizando sua sombra.

> Um dia vi um verdadeiro santo. Infelizmente não posso lhes dar maiores detalhes biográficos. Durante três dias conversei com ele, afundando-me cada dia mais em minha pecaminosidade e imperfeição. Na noite do terceiro dia não restava mais muito de mim. Na outra manhã a mulher dele me procurou. Bem, aí conheci outra versão de toda essa maravilha! Desenterrei-me novamente e estava perfeitamente recomposto. Para mim bastava. Percebi: "Essa então é a assim chamada santidade!".[76]

Por fim, fiquei estarrecido quando via a passagem abaixo na qual nosso psicólogo fala sobre a "utilidade" do Mal. Eu não havia ainda pensado na possibilidade de que a maldade existente no mundo poderia cumprir uma função benéfica.

> Mas o que seria se todos nós fôssemos bons: O que seria? Seria absolutamente nada! Então não se necessitaria de religiões, de igrejas, de nada. Então nada aconteceria. Não haveria mais diferenças. Não existiria mais um declive. Não haveria mais um objetivo, pois o objetivo já teria sido alcançado há muito tempo. Nasceríamos com harpas em nossas mãos e durante toda

> a nossa vida cantaríamos louvor e nada mais. Mortalmente fácil! Também não há energia sem declive. Declive significa opostos! Quem não abriga os opostos dentro de si não está vivo, ao invés disso, é um neurótico morto que apenas geme, mas não vive.[77]

Se não sobrasse mais nenhuma motivação para encararmos nossa sombra, como algo real e ativo em nossas vidas, bastaria pensar que ela nos é muito útil!

Notas

1 Jung, C. G. Tipos psicológicos. Petrópolis: Vozes, 2012. (OC 6). § 903, p. 486-487.

2 Roth, W. Introdução à psicologia de C. G. Jung. Petrópolis: Vozes, 2016. p. 181.

3 Ibid. p. 193.

4 Jung, C. G. Tipos psicológicos. Petrópolis: Vozes, 2012. (OC 6). § 903, p. 487.

5 Jung, C. G. et ali. O homem e seus símbolos. Rio de Janeiro: Nova Fronteira, 2008. p. 117.

6 Jung, C. G. A vida simbólica. Petrópolis: Vozes, 2011. (OC 18/1). § 480, p. 479.

7 Id. Tipos psicológicos. Petrópolis: Vozes, 2012. (OC 6). § 903, p. 491.

8 Id. A vida simbólica. Petrópolis: Vozes, 2011. (OC 18/1). § 520, p. 245.

9 Ibid. § 625, p. 291.

10 Ibid. § 628, p. 292.

11 ROTH, W. Introdução à psicologia de C. G. Jung. Petrópolis: Vozes, 2016. p. 196-197.

12 Piñero, A. & Cerro, G. Hechos apócrifos de los apóstoles I: Hechos de Andrés, Juan y Pedro. Madrid: Biblioteca de Autores Cristianos, 2004. p. 239.

13 Ibid. p. 287. O valentianismo era uma das vertentes de uma expressão religiosa que atravessava o judaísmo e o cristianismo antigos, cuja marca principal seria um conhecimento experiencial que os iniciados tinham e que os distinguia dos "forasteiros". O encratismo é a valorização da pureza e da abstinência sexual. O modalismo é uma forma de conceber Deus em modos distintos; Jesus não seria participante da tri-unidade divina, mas um dos modos de ser Deus. Por fim, o docetismo era a concepção de que Jesus tinha apenas um corpo aparente e não real.

14 Ibid. p. 255.

15 Ibid. p. 257-260.

16 Ibid. p. 260-275.

17 Ibid. p. 267-268.

18 Ibid. p. 275.

19 Ibid. p. 288-290.

20 Ibid. p. 341-343.

21 Jung, C. G. Interpretação psicológica do dogma da Trindade. Petrópolis: Vozes, 2012. (OC 11/2). § 228, p. 59.

22 Ibid. Aion: estudo sobre o simbolismo do si-mesmo. Petrópolis: Vozes, 2011. (OC 9/2). § 70, p. 52.

23 Id. Interpretação psicológica do dogma da Trindade. Petrópolis: Vozes, 2012. (OC 11/2). § 231, p. 61.

24 Ibid. § 232, p. 62.

25 Ibid. § 246, p. 74.

26 Ibid. § 247, p. 75.

27 Ibid. § 229, p. 60.

28 Id. Aion: estudo sobre o simbolismo do si-mesmo. Petrópolis: Vozes, 2011. (OC 9/2). § 69, p. 51-52.

29 Id. Memórias, sonhos, reflexões. Rio de Janeiro: Nova Fronteira, 2012. p. 242.

30 Piñero, A. & Cerro, G. Hechos apócrifos de los apóstoles I: Hechos de Andrés, Juan y Pedro. Madrid: Biblioteca de Autores Cristianos, 2004. p. 357-359.

31 Jung, C. G. Psicologia e alquimia. Petrópolis: Vozes, 2012. (OC 12). § 22, p. 31-32.

32 Id. A vida simbólica. Petrópolis: Vozes, 2011. (OC 18/2). § 1672, p. 344.

33 Piñero, A. & Cerro, G. Hechos apócrifos de los apóstoles I: Hechos de Andrés, Juan y Pedro. Madrid: Biblioteca de Autores Cristianos, 2004. p. 359-365.

34 Jung, C. G. Aion: estudo sobre o simbolismo do si-mesmo. Petrópolis: Vozes, 2011. (OC 9/2). § 79, p. 60.

35 Id. Interpretação psicológica do dogma da Trindade. Petrópolis: Vozes, 2012. (OC 11/2). § 250, p. 77.

36 Piñero, A. & Cerro, G. Hechos apócrifos de los apóstoles II: Hechos de Pablo y Tomás. Madrid: Biblioteca de Autores Cristianos, 2005. p. 718.

37 Trevijano, R. A Bíblia no cristianismo antigo: pré-nicenos, gnósticos, apócrifos. São Paulo: Ave Maria, 2009. p. 368.

38 Marguerat, D. & Rebell, W. Os Atos de Paulo. Um retrato inabitual do apóstolo. In: Kaestli, J. D. & Marguerat, D. (Orgs.). O mistério apócrifo: introdução a uma literatura desconhecida. São Paulo: Loyola, 2012. p. 128.

39 Ibid. p. 127.

40 Piñero, A. & Cerro, G. Hechos apócrifos de los apóstoles II: Hechos de Pablo y Tomás. Madrid: Biblioteca de Autores Cristianos, 2005. p. 823-825.

41 Ibid. p. 845.

42 Koester, H. Introdução ao novo testamento: 2. história e literatura do cristianismo primitivo. São Paulo: Paulus, 2005. p. 312.

43 Jung, C. G. A vida simbólica. Petrópolis: Vozes, 2011. (OC 18/1). § 530, p. 250-251.

44 Piñero, A. & Cerro, G. Hechos apócrifos de los apóstoles II: Hechos de Pablo y Tomás. Madrid: Biblioteca de Autores Cristianos, 2005. p. 870-871.

45 Ibid. p. 939.

46 Ibid. p. 940.

47 Ibid. p. 943-945.

48 Ibid. p. 963-967.

49 Ibid. p. 969.

50 Ibid. p. 983-987.

51 Ibid. p. 1037.

52 Ibid. p. 1043-1045.

53 Ibid. p. 993-995.

54 Ibid. p. 1011-1013.

55 Ibid. p. 997-999.

56 Ibid. p. 1001-1009.

57 Ibid. p. 997-1001.

58 Jung, C. G. Aion: estudo sobre o simbolismo do si-mesmo. Petrópolis: Vozes, 2011. (OC 9/2). § 115, p. 79-80.

59 Ibid. § 80, p. 62.

60 Ibid. § 97, p. 69-70.

61 Ibid. § 98, p. 70.

62 Piñero, A. & Cerro, G. Hechos apócrifos de los apóstoles I: Hechos de Andrés, Juan y Pedro. Madrid: Biblioteca de Autores Cristianos, 2004. p. 142.

63 Trevijano, R. A Bíblia no cristianismo antigo: pré-nicenos, gnósticos, apócrifos. São Paulo: Ave Maria, 2009. p. 371.

64 Piñero, A. & Cerro, G. Hechos apócrifos de los apóstoles I: Hechos de Andrés, Juan y Pedro. Madrid: Biblioteca de Autores Cristianos, 2004. p. 161-163.

65 Jung, C. G. A vida simbólica. Petrópolis: Vozes, 2011. (OC 18/2). § 1473, p. 240.

66 Piñero, A. & Cerro, G. Hechos apócrifos de los apóstoles I: Hechos de Andrés, Juan y Pedro. Madrid: Biblioteca de Autores Cristianos, 2004. p. 169.

67 Jung, C. G. Interpretação psicológica do dogma da Trindade. Petrópolis: Vozes, 2012. (OC 11/2). § 248, p. 76.

68 Piñero, A. & Cerro, G. Hechos apócrifos de los apóstoles I: Hechos de Andrés, Juan y Pedro. Madrid: Biblioteca de Autores Cristianos, 2004. p. 378-379.

69 Ibid. p. 389.

70 Ibid. p. 395-397.

71 Jung, C. G. Sobre sentimentos e a sombra. Petrópolis: Vozes, 2014. p. 62.

72 Piñero, A. & Cerro, G. Hechos apócrifos de los apóstoles II: Hechos de Pablo y Tomás. Madrid: Biblioteca de Autores Cristianos, 2005. p. 993-995.

73 Ibid. p. 1011-1013.

74 Ibid. p. 1043-1045.

75 Jung, C. G. Sobre sentimentos e a sombra. Petrópolis: Vozes, 2014. p. 56.

76 Ibid. p. 60-61.

77 Ibid. p. 67.

CONSIDERAÇÕES FINAIS

Neste debate sobre os conceitos da Psicologia de Jung precisei me estender bastante para fazer justiça à complexidade de seu pensamento. Mesmo assim, tive que omitir muitas questões importantes que, creio, precisarei retomar em outro texto em ocasião oportuna.

Gostaria de finalizar fazendo um balanço dos dados oriundos dos escritos do psiquiatra suíço para o trabalho historiográfico. Embora sua obra tenha repercutido fundamentalmente no campo da Psicologia, penso que suas ideias são muito úteis para o historiador da religião.

Acredito que isso se deve ao fato de que ele também transitava pelo mundo dos textos antigos. Quando estava buscando os fundamentos da sua Psicologia analítica, encontrou-os nos textos do gnosticismo antigo e da alquimia medieval e moderna.

> De 1918 a 1926 lancei-me seriamente no estudo dos gnósticos. Meu interesse ligava-me ao fato deles terem encontrado, a seu modo, o mundo original do inconsciente. Confrontaram-se com imagens e conteúdos que, evidentemente, estavam contaminados pelo mundo dos instintos. De que modo compreendiam essas imagens? É difícil responder a tal pergunta devido à escassez de informações que chegaram até nós, e principalmente porque aquelas que nos foram transmitidas provêm quase sempre de seus adversários, os Padres da Igreja. Não é provável que os gnósticos tivessem tido alguma concepção psicológica. Além disso, estavam muito distanciados no tempo para poderem servir de ponto de partida ao modo de encarar as coisas. A tradição entre a gnose e o presente parecia-me rompida e, durante muito tempo, não consegui encontrar a ponte entre a gnose – ou o neoplatonismo – e o presente. Só quando comecei a compreender a alquimia

> pude perceber que ela constitui um liame histórico com a gnose, e assim, através dela, encontrar-se-ia restabelecida a continuidade entre o passado e o presente. A alquimia como filosofia da natureza, em vigência na Idade Média, lança uma ponte tanto para o passado, a gnose, como para o futuro, a moderna psicologia do inconsciente.[1]

Nos textos religiosos de um passado remoto encontrou muitos dados que já havia percebido nas experiências que fazia sobre o inconsciente com seus pacientes:

> Vi logo que a psicologia analítica concordava singularmente com a alquimia. As experiências dos alquimistas eram minhas experiências, e o mundo deles era, num certo sentido, o meu. Para mim, isso foi naturalmente uma descoberta ideal, uma vez que percebi a conexão histórica da psicologia do inconsciente. Esta seria agora uma base histórica. A possibilidade de comparação com a alquimia, da mesma forma que a sua continuidade espiritual, remontando até a gnose, conferia-lhe substância. Estudando os velhos textos, percebi que tudo encontrava seu lugar: o mundo das imagens, o material empírico que colecionara na minha prática, assim como as conclusões que disso havia retirado. Comecei então a perceber o que significavam tais conteúdos numa perspectiva histórica. A compreensão de seu caráter típico, que já se esboçara no curso das minhas pesquisas sobre os mitos, se aprofundar. As imagens originais e a essência dos arquétipos passaram a ocupar o centro de minhas pesquisas; tornou-se evidente para mim que não poderia existir psicologia, e muito menos psicologia do inconsciente, sem base histórica. É verdade que uma psicologia da consciência pode restringir-se ao conhecimento da vida pessoal; mas para desenredar uma neurose, já se torna necessária uma anamnese que necessita uma sondagem mais profunda do que a do simples saber da consciência; e quando, durante o tratamento, se chega a momentos em que devem ser tomadas decisões inusitadas,

> aparecem, então, sonhos cuja intepretação exige mais do que reminiscências pessoais.[2]

Qual a razão para que isso tivesse acontecido? A fim de que pudesse ter algum conhecimento do inconsciente, Jung contava que, nos primeiros anos de sua juventude, passou vários anos submerso no mundo dos instintos, tendo quase sido tragado por uma psicose. Em seguida, permaneceu na sua jornada através da exploração do discurso acadêmico (medicina e psiquiatria) e também por meio de uma série de experimentos com seus pacientes, valendo-se de técnicas que pudessem fazer o inconsciente se manifestar.

Com todos estes dados foi colecionando experiências para que pudesse não apenas ter certeza da existência do inconsciente, mas também possuir dados sobre como ele funcionava. Quando acumulou informações suficientes, teve convicção de estar na trilha certa e foi desenvolvendo uma série de conceitos, dentre os quais exploramos alguns ao longo deste texto.

Faltava, todavia, o que ele chamava de "fundamento histórico". Para ele era preciso encontrar um elo entre o seu presente trabalho de terapeuta, no qual explorava o mundo do inconsciente, e práticas similares no passado. Encontrou nos gnósticos dos séculos II, III e IV d.C. (talvez) textos e práticas muito similares às suas. Sua forma de observar o gnosticismo permitia que enxergasse nos seus escritos uma expressão muito espontânea de símbolos do mundo inconsciente. Quando estendeu a temporalidade, percebeu algo similar entre os alquimistas, que produziram seus textos a partir dos séculos XI ou XII d.C. até próximo dos séculos XVII ou XVIII d.C.

A forma respeitosa e reverente como lidava com os documentos antigos, medievais e modernos já é por si admirável. Mas ele foi além e os considerou uma base prática e intuitiva para sua Psicologia. Também me chama muito a atenção o fato de ele não ver no saber acadêmico uma vantagem sobre outras formas de conhecimento. Pelo contrário, na sua visão, quando a pesquisa acadêmica desemboca no intelectualismo ou racionalismo, coloca a vida dos seus praticantes sob sérios riscos de perder a saúde psíquica.

Pra mim, foi muito prazeroso analisar um conjunto de textos antigos que, no mínimo, flertam com o gnosticismo a partir de um ponto de vista junguiano. Penso ter encontrado um referencial teórico que se casa bem com a natureza dos escritos que analiso. Mas, o mais importante, para mim, nesta jornada, é que, quanto mais leio a obra de Jung, mais me confronto comigo mesmo e mais conheço dados sobre mim que ignorava. É muito bom quando se pode associar pesquisa acadêmica profissional com alegria e autoconhecimento!

Notas

1 Jung, C. G. Memórias, sonhos, reflexões. Rio de Janeiro: Nova Fronteira, 2012. p. 247.

2 Ibid. p. 252.

BIBLIOGRAFIA

Fontes Primárias

Piñero, A. & Cerro, G.

Hechos apócrifos de los apóstoles I: Hechos de Andrés, Juan y Pedro. Madrid: Biblioteca de Autores Cristianos, 2004.

Hechos apócrifos de los apóstoles II: Hechos de Pablo y Tomás. Madrid: Biblioteca de Autores Cristianos, 2005.

Hechos apócrifos de los apóstoles III: Hechos de Filipe, Martirio de Pedro, Hechos de Andrés y Mateo, Martirio de Mateo, Hechos de Pedro, Viajes y martírio de Bernabé, Hechos de Tadeo, Hechos de Juan, por Prócoro, Hechos de Santiago el Mayor, Hechos de Santiago, Simón y Judas, Milagros de Juan, Pasión de Bartolomé, Martirio de Nereo y Aquiles, Martirio de Andrés. Madrid: Biblioteca de Autores Cristianos, 2011.

Referências Bibliográficas

Boechat, W. (Org.).

A alma brasileira: luzes e sombra. Petrópolis: Vozes, 2014.

Brown, R.

Introdução ao Novo Testamento. São Paulo: Paulinas, 2004.

Czachesz, I.

Metamorphosis and mind: cognitive explorations of the grotesque in early christian literature. Disponível em: <https://www.degruyter.com/document/doi/10.1515/9783110202991.207/html?lang=en&srsltid=Afm-BOoqVh1m40oaiTMyyS2lpCAuNXc78x43h_nKu-lfompsBGdUFJR-Pa>. Acesso em 27 mar. 2025.

Czachesz, I.

Passion and martyrdom traditions in the Apocryphal Acts of the Apostles. Disponível em: < https://www.researchgate.net/publication/261758758_Passion_and_Martyrdom_Traditions_in_the_Apocryphal_Acts_of_the_Apostles >. Acesso em 27 mar. 2025.

Dewttiler, A.; Kaestli, J. D.; Marguerat, D. (Orgs.).

Paulo, uma teologia em construção. São Paulo: Loyola, 2011.

Dunne, C.

Carl Jung: curador ferido de almas. São Paulo: Alaúde, 2012.

Fabris, R.

Paulo: apóstolo dos gentios. São Paulo: Paulinas, 2010.

Franz, M. L.

O feminino nos contos de fadas. Petrópolis: Vozes, 2010.

Freud, S.

Conferências introdutórias à psicanálise [1916-1917]. São Paulo: Companhia das letras, 2014. Coleção Obras Completas, v. 13.

Hannah, B.

Jung, vida e obra: uma memória biográfica. Porto Alegre: Artmed, 2003.

Hillman, J.

Psicologia alquímica. Petrópolis: Vozes, 2011.

Ipiranga, P.

A concepção de páthos em relatos híbridos na antiguidade: José e Aseneth e os Atos de Paulo e Tecla. Disponível em: <https://revista.classica.org.br/classica/article/view/263/224>. Acesso em 27 mar. 2025.

Entre macho e fêmea: Santas travestidas na antiguidade. Disponível em: <https://revistas.ufpr.br/letras/article/view/17226/14759>. Acesso em 27 mar. 2025.

Prosa narrativa antiga: martírio, atos apócrifos, vidas de santos. Disponível em: <https://revistas.ufrj.br/index.php/Aisthe/article/view/11905/8606>. Acesso em 27 mar. 2025.

Jung, C. G.

Estudos psiquiátricos. Petrópolis: Vozes, 2011. (OC 1).

Estudos experimentais. Petrópolis: Vozes, 2011. (OC 2).

Psicogênese das doenças mentais. Petrópolis: Vozes, 2011. (OC 3).

Freud e a psicanálise. Petrópolis: Vozes, 2011. (OC 4).
Símbolos da transformação. Petrópolis: Vozes, 2011. (OC 5).
Tipos psicológicos. Petrópolis: Vozes, 2012. (OC 6).
Psicologia do inconsciente. Petrópolis: Vozes, 2012. (OC 7/1).
O eu e o inconsciente. Petrópolis: Vozes, 2015. (OC 7/2).
A energia psíquica. Petrópolis: Vozes, 2012. (OC 8/1).
A natureza da psique. Petrópolis: Vozes, 2011. (OC 8/2).
Sincronicidade. Petrópolis: Vozes, 2012. (OC 8/3).
Os arquétipos e o inconsciente coletivo. Petrópolis: Vozes, 2011. (OC 9/1).
Aion: estudo sobre o simbolismo do si-mesmo. Petrópolis: Vozes, 2011. (OC 9/2).
Presente e futuro. Petrópolis: Vozes, 2011. (OC 10/1).
Aspectos do drama contemporâneo. Petrópolis: Vozes, 2011. (OC 10/2).
Civilização em transição. Petrópolis: Vozes, 2011. (OC 10/3).
Um mito moderno sobre as coisas vistas no céu. Petrópolis: Vozes, 2011. (OC 10/4).
Psicologia e religião. Petrópolis: Vozes, 2011. (OC 11/1).
Interpretação psicológica do dogma da Trindade. Petrópolis: Vozes, 2012. (OC 11/2).
O símbolo da transformação na missa. Petrópolis: Vozes, 2011. (OC 11/3).
Resposta a Jó. Petrópolis: Vozes, 2012. (OC 11/4).
Psicologia e religião oriental. Petrópolis: Vozes, 2011. (OC 11/5).
Escritos diversos. Petrópolis: Vozes, 2011. (OC 11/6).
Psicologia e alquimia. Petrópolis: Vozes, 2012. (OC 12).
Estudos alquímicos. Petrópolis: Vozes, 2011. (OC 13).
Mysterium coniunctionis. Petrópolis: Vozes, 2011. (OC 14/1).
Mysterium coniunctionis. Petrópolis: Vozes, 2011. (OC 14/2).
Mysterium coniunctionis. Petrópolis: Vozes, 2011. (OC 14/3).
O espírito na arte e na ciência. Petrópolis: Vozes, 2013. (OC 15).
A prática da psicoterapia. Petrópolis: Vozes, 2013. (OC 16/1).
Ab-reação, análise dos sonhos e transferência. Petrópolis: Vozes, 2011. (OC 16/2).
O desenvolvimento da personalidade. Petrópolis: Vozes, 2013. (OC 17).
A vida simbólica. Petrópolis: Vozes, 2011. (OC 18/1).

A vida simbólica. Petrópolis: Vozes, 2011. (OC 18/2).

Memórias, sonhos, reflexões. Rio de Janeiro: Nova Fronteira, 2012.

Sobre sentimentos e a sombra. Petrópolis: Vozes, 2014.

Espiritualidade e transcendência: seleção e edição de Brigitte Dorst. Petrópolis: Vozes, 2015.

et al. O homem e seus símbolos. Rio de Janeiro: Nova Fronteira, 2008.

Memória, sonhos, reflexões. Rio de Janeiro: Nova Fronteira, 2016.

Cartas: 1905-1945. Petrópolis: Vozes, 2018. v. 1.

Cartas: 1946-1955. Petrópolis: Vozes, 2018. v. 2.

Cartas: 1956-1961. Petrópolis: Vozes, 2018. v. 3.

O livro vermelho: edição sem ilustrações. Petrópolis: Vozes, 2013.

Os livros negros, 1913-1932. Petrópolis: Vozes, 2020.

A psicologia da ioga kundalini: notas de um seminário 1932 por C. G. Jung. Petrópolis: Vozes, 2022.

Sobre sentimentos e a sombra: sessões de perguntas de Winterthur. Petrópolis: Vozes, 2014.

Sobre sonhos e transformações: sessões de perguntas de Zurique. Petrópolis: Vozes, 2014.

Os fundamentos da psicologia analítica. Petrópolis: Vozes, 2017.

Seminário sobre psicologia analítica (1925). Petrópolis: Vozes, 2017.

Seminário sobre análise de sonhos: notas do seminário dado em 1928-1930. Petrópolis: Vozes, 2017.

Kaestli, J. D. & Marguerat, D.

(Orgs.). *O mistério apócrifo:* introdução a uma literatura desconhecida. São Paulo: Loyola, 2012.

Kast, V.

O amor nos contos de fadas: o anseio pelo outro. Petrópolis: Vozes, 2011.

Koester, H.

Introdução ao novo testamento: 2. história e literatura do cristianismo primitivo. São Paulo: Paulus, 2005.

Marguerat, D.

(Org.). *Novo Testamento:* história, escritura e teologia. São Paulo: Loyola, 2009.

Mcguire, W.

Cartas de Freud e Jung. Petrópolis: Vozes, 2023.

Murphy-O'connor, J.

Paulo de Tarso: história de um apóstolo. São Paulo: Loyola, 2013.

Paulo: biografia crítica. São Paulo: Loyola, 2004.

Piovanelli, P.

What is a christian apocryphal text and how does it work? Some observations on apocryphal hermeneutics. *Nederlands Theologisch Tijdschrift*, Groningen, n. 59, p. 31-40, 2005.

Roth, W.

Introdução à psicologia de C. G. Jung. Petrópolis: Vozes, 2016.

Sampley, J. P.

(Org.). *Paulo no mundo greco-romano*. São Paulo: Paulus, 2008.

Schnelle, U.

Paulo: vida e pensamento. São Paulo: Paulus, 2014.

Stevens, A.

Jung. Porto Alegre: L&PM, 2012.

Trevijano, R.

A Bíblia no cristianismo antigo: pré-nicenos, gnósticos, apócrifos. São Paulo: Ave Maria, 2009.